春秋正義

〔唐〕孔穎達 撰
李霖 解題

解題研究

本冊目録

序言

儒家傳統經典，相沿有「五經」「九經」「十三經」諸目。漢魏以降，因應官學博士制度，逐步形成各經與傳注的權威組合，呈現爲「經注本」的文本形態。南北朝時期，義疏之學興起，多以「經注本」爲基礎，疏通經義，兼釋注文，且備采衆説。唐朝貞觀年間，孔穎達奉命主持撰修《五經正義》，基於前人義疏，爲《周易》《尚書》《毛詩》《禮記》《左傳》編定新疏，幾經修訂，最終於永徽四年(653)頒布天下，以求達到統一經義目的。其後，唐又有賈公彦等撰《周禮疏》《儀禮疏》，徐彦撰《春秋公羊疏》(一説徐彦爲南北朝時人)，楊士勛撰《春秋穀梁疏》，北宋邢昺等撰《論語正義》《孝經正義》《爾雅疏》。以上孔、賈及至邢昺等所撰諸經義疏，均與經注别行，自成一書，故後世稱其爲「單疏本」。唐代單疏本長期以寫本形式流傳，今存數種敦煌殘卷，即其孑遺。北宋國子監首次刊刻唐九經義疏，以及邢昺等撰三部新疏，南宋又覆刊北宋監本。北宋本今已無存，南宋覆刊本尚有數種傳本遺存。

單疏本獨立於經注文本，在經師記誦發達時代，經注信手拈來，本無多大問題；但是進入刊本時代，加之科舉背景之下功利化的需求，讀書苟簡，單疏本與經注本參互閲讀有所不便。故此南宋高宗以降有注疏合刻之舉，因相繼刊於越州官府，款式均爲半葉八行，後世遂統稱爲「越州本」「八行本」。其後，福建建陽書坊又興起附帶陸德明釋文的注疏合刻本，融匯經注、義疏、釋文於一書，較之經注本、單疏本和越州八行本使用更加便利，因而廣受歡迎，元、明、清時代遞相翻刻。此文本形式行款爲半葉十行，故被稱爲「十行本」。總之，南宋之後，十三經的組合方式，經、注、疏、釋文的文本結構，逐漸形成固定搭配，十三經注疏遂成爲士人閲讀的基本文獻，影響深遠。注疏合刻本通行之後，單疏本缺乏閲讀需求，漸趨湮没無聞，傳本日稀。延至清代，學人可利用的單疏本已僅限於《儀禮疏》《爾雅疏》及殘鈔本《春秋穀梁疏》。錢大昕有云：「予三十年來所見疏與注别行者，唯有《儀禮》《爾雅》兩經，皆人世稀有之物也。」陳鱣亦云：「群經之疏，本自單行，今尚存宋本有三，而皆萃於吴中。三者何？《儀禮》也，《穀梁傳》也，《爾雅》也。」阮元《十三經注疏校勘記》廣羅善本，備列異同，洵稱群經校勘的典範之作，但是所採用的單疏本仍不出上述三書，而且不乏據他人校本過録者。國内現今存世的單疏本，亦僅有南宋覆刊本《周易正義》、《春秋公羊疏》(存七卷)、《爾雅疏》，清覆刊本《儀禮疏》，以及清鈔本《春秋穀梁疏》(存七卷)。

反觀日本方面，從寫本時代起，即不斷流入中土經籍文獻，及至刊本時代，規模更盛，唐鈔宋刊不絶於書，而且歷經傳鈔，存世數量頗爲可觀。以單疏本而論，據傳世本收藏印記，鎌倉時代金澤文庫五經齊備，今公私單位仍藏有南宋刊本《尚書正義》、《毛詩正義》（存三十三卷）、《禮記正義》（存八卷），以及古鈔本《周易正義》（存十部之多）、《毛詩正義》（存四篇）、《周禮疏》、《儀禮疏》（存兩卷）、《禮記正義》（存卷五）、《春秋正義》、《春秋公羊疏》。其中，《尚書正義》、《毛詩正義》、《禮記正義》、《周禮疏》、《春秋正義》，國内不傳；《春秋公羊疏》，國内存本不全。此外，古鈔本《禮記正義》（卷五）、《毛詩正義》（四篇）源出唐寫本；《周易正義》（廣島大學藏本）或源出不傳的北宋刊本；《儀禮疏》（二卷）源出南宋刊初印本，較國内影鈔、覆刊本更佳。

諸經注疏合刻本與單疏本相較，由於經疏文字率爾搭配，章節分合、長短無定，而且相互遷就改易，人爲造成經典文本的混淆。錢大昕有云：「唐人五經正義，本與注別行，後人欲省兩讀，併而爲一，雖便於初學，而卷弟多失其真，不復見古書真面。」盧文弨亦云：「古來所傳經典，類非一本。陸氏所見，與賈、孔所見本不盡同。今取陸氏書附於『注疏本』中，非强彼以就此，即强此以就彼。欲省兩讀，翻致兩傷。」單疏本與注疏本大别有二：一是卷次，二是出文。單疏本撰成於卷子本時代，多據内容分卷，不太考慮篇幅的長短，而坊刻注疏本則照顧各卷篇幅的均衡，因此造成兩者卷次的差異。出文方面，單疏本獨立於經注，故引經注文字，形式多樣，或長或短；注疏本因爲經注齊備，所以疏前引經注文字，多以固定字數標起訖方式。單疏本與注疏本卷次、出文的區别，反映出從寫本形態到刊本標準化的變異。單疏本分唐鈔與宋刊系統，宋刊雖對唐鈔有所整飭，但大致保留了原本面貌。許多注疏本的文本矛盾之處，有賴於單疏本的校勘而得以揭示。此外，單疏本所據經注文字，不乏與注疏本相異之處，也具有重要的異文價值。當然，今存單疏刊本已屬南宋覆刻，鈔本又多據南宋本傳寫，輾轉傳鈔之際，不乏文字訛脱衍倒，别體俗寫，利用亦需精加鑒别。

近代楊守敬日本訪書，率先發掘日傳單疏本，影鈔《周易正義》、《尚書正義》、《禮記正義》、《春秋正義》，並撰寫題跋揭示其文獻價值。楊氏影鈔四經單疏本經繆荃孫歸於劉承幹，今存復旦大學圖書館。劉承幹《嘉業堂叢書》即據楊氏影鈔四經單疏本，加之借鈔日本竹添光鴻藏《毛詩正義》，國内涵芬樓藏《穀梁疏》、蔣氏密韵樓藏《春秋公羊疏》，彙刻單疏本七經併附校勘記。這是單疏本首次集中刊佈，不惟底本珍罕，所附繆荃孫等校勘記亦頗具價值。其後，日本陸續將《尚書正義》《毛詩正義》《禮記正義》《春秋正義》影印出版，商務印書館《四部叢刊》又將之收録，單疏本遂得到學界廣泛利用。

但是，群經單疏尤其是古鈔本的公佈出版仍存在明顯不足。日本廣島大學圖書館藏《周易正義》、京都大學圖書館藏

《周禮疏》、蓬左文庫藏《春秋公羊疏》，迄今未見出版。已經出版者，《嘉業堂叢書》據影鈔本刊刻，難免訛誤，而且統一板式、擅改文字，今日已不足重。日本影印本流傳不廣，獲取不易，黑白印刷方式也無法反映原本的豐富信息。《四部叢刊》據日本影印本覆印，與原本相去更遠。已經發佈的線上資源有限，而且存在觀覽不便、圖像質量不高問題。有鑒於此，我們決定彙編現存群經單疏古鈔本，獲取收藏單位授權高清圖像，予以彩印刊佈，力求再現古鈔本全面信息，同時附録相關敦煌殘卷參照。爲輔助開展深度研究，本叢編邀請各經專家撰寫研究性解題，並附録與存世刊本的詳盡校勘記，以及相關重要研究論文。此外，叢編還附印了日本慶應義塾圖書館新獲皇侃《論語義疏》最古寫本殘卷，以及該校附屬研究所斯道文庫藏日本文明十九年（1487）寫本《論語義疏》，並附録慶應義塾大學論語疏研究會同人的校理研究成果，據之可以思考單疏本與南北朝義疏體的關係問題。

本叢編的出版，得到了日本宫内廳書陵部、東洋文庫、蓬左文庫、京都大學附屬圖書館、慶應義塾圖書館、斯道文庫、廣島大學圖書館和國内北京大學圖書館的大力支持，高田時雄、野間文史、住吉朋彦、陳翀教授給予了無私的幫助。各經解題撰寫與校理者朱瑞澤、韓悦、杜以恒、郜同麟、李霖、郜積意、石傑、張麗娟諸同道，撥冗合作，展示了深入研究的成果。上海古籍出版社郭冲編輯是叢編的倡議者，積極參與籌劃與聯絡工作，精心編校。在此，一併表示衷心感謝。叢編或存在這樣那樣的問題，作爲主編，自然難辭其咎，請不吝批評指正。

劉玉才

二〇二四年秋於北京大學大雅堂

日本宮内廳書陵部藏舊鈔本《春秋正義》解題

李霖

孔穎達《春秋正義》三十六卷，日本江户時代文化十二年(1815)至十三年抄本十二册，每册三卷，日本宮内廳書陵部藏。末册(卷三十四至三十六)有邊欄，其餘各卷皆無界欄。半葉十五行，行二十五字上下。卷首有長孫無忌《上五經正義表》、孔穎達《春秋正義序》。

此書題名《春秋正義》，即《左傳正義》，是疏釋杜預《春秋經傳集解》的作品。據兩《唐志》著録及《春秋正義序》這一題名，《春秋正義》當是孔穎達原書舊題，此日抄本正是具備書題的重要實物。唐初《公羊》《穀梁》式微，〔一〕時人蓋以《左傳》獨傳《春秋》，故得以《春秋正義》名其書。後來，南宋越刊八行本題爲《春秋左傳正義》，〔二〕尤其是南宋建刻十行本以下多題爲《(附釋音)左傳注疏》，遂多以《左傳正義》或《左傳注疏》稱之，《春秋正義》這一舊題長期湮没不彰。

同時，此本卷數與兩《唐志》等著録一致，仍爲孔氏《正義》舊規，惟南宋越刊八行本與此本同爲三十六卷。而各卷之起訖，此本應是《正義》原貌之僅存者，〔三〕大異於十行本以下諸本，亦與越刊八行本以閔公獨佔一卷的安排有所不同。

此本的體裁爲單疏本，迥異於南宋以降備録經注全文的注疏合編本，是唐代儒經義疏的原式。單疏本存在唐抄本和宋刊本兩個系統。北宋國子監校勘唐抄本，規範了《正義》的體例，調整了部分文句的表述，糾正了不少錯訛，同時也不可避免地稍稍偏離了《正義》的原貌和原意，實際上使《正義》文本産生了明顯的變化。〔四〕由此形成的北宋刊單疏本，衍生出了南宋覆刻單疏本，以及南宋以降各種注疏合刻本。比起《正義》唐抄本與宋刊單疏本之間的差跐，從宋刊單疏本(及其翻刻本、傳抄本)到各種注疏合刻本，義疏文本要穩定得多，〔五〕故而宋刊單疏本和各種注疏合刻本都可籠統地視爲刊本系統。

本書所附法藏敦煌出土《春秋正義》殘卷無疑是唐抄本。此日抄本的文本明顯與彼敦煌本存在較大差異，〔六〕而更接近八行本、十行本等，〔七〕故而屬於宋刊本系統。宋刊單疏本有北宋本和南宋覆刻本之别，檢此日抄本北宋真宗以下諱字

〔一〕參《隋書·經籍志》等。

〔二〕實際上，越刊八行本僅卷一題爲《春秋左傳正義》，卷二以下皆題爲《春秋正義》，但八行本流傳亦罕，對後世的影響力遠不如十行本。

〔三〕此日抄本的相關傳抄本、翻刻本皆爲殘本，並未完整保留《正義》分卷。

〔四〕詳見李霖《宋本群經義疏的編校與刊印》第二章，中華書局，2019年。

〔五〕刊本有時也會有大段的脱文，但刊本之間的差異是個别的，唐抄本與刊本之間的異文則幾乎隨處可見。

〔六〕參小島祐馬《巴黎國立圖書館藏敦煌遺書所見録(三)》，《支那學》第6卷第2號(1932年4月)。

〔七〕參野間文史《十三經注疏の研究——その語法と傳承の形》，東京：研文出版社，2005年，第329—365頁。

「恒」「貞」「桓」「構」「搆」「媾」「覯」有闕筆，知其祖本並非北宋刊本，而是南宋覆刻本。〔一〕又，孝宗名「慎」字不闕筆。

儒經義疏之刊本，存在宋刊單疏本、南宋浙刻八行本、南宋建刻十行本三個系統。要之，單疏本最爲原始，衍生出注疏合編的八行本和十行本。八行本是官方主持的注疏合刻，較大程度地保留了單疏本的面貌。十行本多來自福建書坊，編纂方式更偏重經注本，而與單疏本原貌相去較遠，文本又多妄改。十行本最受讀者歡迎，影響深遠，元、明、清的注疏叢刊，基本都出自十行本。單疏本則曲高和寡，流傳最罕。

《春秋正義》宋刊單疏本無傳本存世，此日藏舊抄本是現存最爲完整的《春秋正義》單疏本。此本也存在一些殘闕。據張元濟考察，〔二〕卷一葉二十一（本書第四八頁）、二十二闕四十五行，〔三〕卷一、卷二十七尾殘，卷二十九葉二（本書第一三四八頁）、卷三十葉十四（本書第一四三二頁）各闕三行，卷三十四葉四（本書第一五九三頁）闕二行、葉十（本書第一六〇六頁）闕十五行，卷三十六尾殘。另有卷中闕文而未空行者，可參安井小太郎《景鈔正宗寺本春秋正義解説並缺佚考》。〔四〕

據首册、末册卷尾近藤守重（號正齋）題記，此本爲近藤於文化十二年（1815）三月至十三年五月據正宗寺寫本謄抄。據筆跡推斷，近藤所倩書手應不止一人，具備邊欄的末册應出自另一筆。正宗寺本之來源，有正齋本過録寬政三年（1791）小澤章跋文可據。〔五〕小澤推測正宗寺本爲天文中（1532—1554）抄寫，又謂卷十五末墨書題「金澤文庫」字，可證正宗寺本抄自金澤文庫本。今此正齋本卷十五無「金澤文庫」字，然安井小太郎所見彰考館本卷十五末有墨題。時彰考館本尚未燒失，安井《解説》及《金澤文庫本圖録》有彰考館本此葉書影可驗。〔六〕

安井推測近藤所抄並非正宗寺原本，而係彰考館本。他的依據是：彰考館本乃據正宗寺本抄出而早於正齋本，正齋本與彰考館本字體與文字大小皆差相仿佛，彰考館本闕佚者，正齋本亦闕，彰考館本之誤，正齋本亦誤。筆者認爲，這一推測足以說明二者同源，但無法證明正齋本出自彰考館本。據彰考館本書影，小澤跋文之後署「寬政十一年己未之秋寫」。正齋本不具

〔一〕參虞萬里《斯坦因黑城所獲單疏本〈春秋正義〉殘葉考釋與復原》，《榆枋齋學術論集》，江蘇古籍出版社，2001年，第657頁。本書「附録四」亦收録。

〔二〕見《四部叢刊續編》本《春秋正義》張元濟跋。

〔三〕此日抄本原無頁次，此處所述頁次爲《四部叢刊》影印本所加，卷一葉次始於實際在卷首的《上五經正義表》。又，卷一此處闕葉，此本空半葉（據書影），《四部叢刊》本葉二十一左面、葉二十二空一葉半，日本珂羅版未空葉。由於珂羅版未空葉，所以第一册中此葉之後的葉次，左、右葉的安排與本書及《四部叢刊》本相反。安井《缺佚考》乃據珂羅版敘述葉次，祈讀者察之。

〔四〕安井小太郎《景鈔正宗寺本春秋正義解説並缺佚考》，日本東方文化學院，1933年。本書「附録一」亦收録。

〔五〕此跋是正齋本原有，内容與安井《解説》轉引彰考館本跋文略有出入。

〔六〕又，島田翰《古文舊書考》卷一云：「《左氏正義》三十六卷，則常陸國久慈郡增井村正宗寺藏之，天文中依金澤文庫宋本謄寫，亦半版十五行行二十五字，卷第十五首有金澤文庫圖章影録。」（東京民友社排印本，1904年，葉三十一右面）島田稱正宗寺本「金澤文庫」字在卷十五首等情況，蓋據小澤章跋語臆測，並未目驗正宗寺本或彰考館本。

此行識語，則其不出自彰考館本的可能性較大。設若近藤抄自彰考館本，則其《右文故事》自述據正宗寺本謄寫、《正齋書籍考》自謂嘗聞前時別有謄寫一本，以及正齋抄本不具寬政十一年之題署，就都是刻意造作、掩人耳目了。事實恐非如此。

總之，先有金澤文庫本，次有推測爲1532—1554年所寫的正宗寺抄本，後有1799年小澤彰考館，1815—1816年近藤正齋兩抄本。不論近藤正齋是否從彰考館本抄出，溯其源流，無疑以金澤文庫本爲祖本。金澤文庫本原爲刊本抑或抄本，尚無確證，由正齋本的諱字可知金澤文庫本當是南宋覆刻本或其傳抄本。

值得一提的是，金澤文庫曾具足《五經正義》單疏本。其中《周易》爲鎌倉時期寫本，現藏彰考館，據諱字似出自南宋刊本；《尚書》爲南宋刊本，現藏宮内廳書陵部；《毛詩》爲南宋刊本，現藏日本杏雨書屋；《禮記》爲南宋刊本，現藏日本身延山久遠寺。以上四種皆鈐「金澤文庫」墨印。另有日本蓬左文庫藏《春秋公羊疏》室町末寫本，卷十一末墨書「金澤文庫」字，據諱字似出自南宋刊本。

儘管正齋本半葉十五行行二十五字的行款與諸經宋刊單疏本接近，然而從南宋刊本到正齋本，可能經歷了不止一次抄寫，此正齋本與宋刊原本之差距，恐怕相當複雜。正齋本卷首《正義序》逕接卷一而未另起一葉，且前兩卷闕文多處（參安井《缺佚考》），皆不空行、空葉，絶非刊本原貌，例如卷二葉二（本書第六六頁）末闕三十八字（不計空格）無空行。更爲特異的是，卷二葉二右面（本書第六五頁）於「傳惠公元妃孟子正義曰」云云前，有「傳惠公……惠公，名不皇謚法愛人好與曰惠其子隱公讓國之君。元妃，芳非反傳曰嘉耦曰妃。適，本又作嫡同丁歷反」一段，[一]實爲陸德明《經典釋文》羼入。檢單本《釋文》出「始適」二字，此本僅著「適」字，與十行本系統《左傳注疏》（元十行本、明閩、監、毛、清殿本、阮刻本）所附《釋文》同。因知至遲在正齋本之底本（當即正宗寺本）抄寫時，抄單疏「傳惠公」三字後，又將注疏合編本所附《釋文》綴入，再接單疏「傳惠公元妃孟子　正義曰」云云。當初，此段《釋文》可能是宋刊本或其早期抄本（若不考慮未見記載的傳抄情況，可以簡單理解爲金澤文庫本）之批注，後被正齋本之底本（或其底本所自出之本）寫入正文，最終爲正齋本所承襲。正齋本忠實地再現了底本的這一情況，然而此段《釋文》既非單疏本原文，那麼正齋本此處的一行起訖，也絶非宋刊單疏本原款。

安井《缺佚考》又舉卷三十葉二十左葉（本書第一四四四頁）末行有《釋文》羼入。其文作「闕矣　正義曰闕烏環反本又作弯」。然而，並未附入《釋文》的南宋越刊八行本《正義》亦有出文「闕矣」及疏語「正義曰」云云，惟弯作彎，其餘全同正齋本，且「烏環反」亦作夾行小注。檢《釋文》單本云「則闕，烏環反，本又作彎，同，下同」。十行本系統《左傳注疏》綴入之《釋文》不出「則」字，「又」字多作「或」（明閩本以下），其餘與單本《釋

[一] 省略號原作直線。

文》全同，亦有「同下同」三字。正齋本無「同下同」三字，且有出文「闕矣」及「正義曰」，異於《釋文》單本及《注疏》綴入本。要之，正齋本此處與八行本疏文相同，而與各本《釋文》不同，足證並非正齋本（之底本）羼入《釋文》，而是宋刊單疏本如此，八行本仍之，十行本《附釋音左傳注疏》以下嫌其與所附《釋文》重複而妄删。實際上，群經單疏本本來自具夾注釋音的體例，此處惟正齋本和八行本尚存孔穎達《春秋正義》舊貌。〔一〕

與前兩卷的情形不同，卷二十九至三十四之闕文皆留有空白。如卷二十九葉二右面（本書第一三四七頁）行九「盟於黄」以下闕十五字，正齋本此行留出相應空位；卷三十葉十四左面（本書第一四三二頁）行六「午以西之」下闕約七十四字（不計空格），正齋本留空三行；卷三十四葉四右面（本書第一五九三頁）行十一「季孫」以下闕約四十九字，正齋本留空二行；葉十右面（本書第一六〇五頁）末行「宋萬弑」以下闕約三百七十二字（不計空格），正齋本留空半葉十五行（本書第一六〇六頁）。此類空白，看起來又像是其底本（或其底本所自出之本）嚴格遵照刊本每行起訖來抄録的痕跡。與此相關，正齋本卷三十葉十四（本書第一四三二頁）所留空之第一行末，隱約可辨該位置所闕「餘管所生不入其數」文字右邊殘劃。這種現象該如何認識，在此須確認正齋本的抄寫習慣。

安井《解説》已指出正齋本與彰考館本高度接近。從《金澤文庫本圖録》所收彰考館本書影看來，〔二〕正齋本與彰考館本的書法雖有所不同，但字體風格酷似，每行起訖也完全相同。再考慮到正齋本甚至連底本蟲損之處亦予勾出的習慣，〔三〕殘劃應是描摹底本情形。由此可知，正齋本應在最大程度上做到了忠實於底本，《正齋書籍考》自稱影寫，洵非虚語。倘如安井所推測，正齋本之底本是彰考館本，則正齋本忠實於彰考館本；〔四〕倘如筆者所推測，彰考館本、正齋本先後從正宗寺本抄出，則二本皆忠實於正宗寺本。

若然，正齋本留空處，或許皆爲底本殘破之處，而非與刊本每行起訖相符之證。正齋本雖忠實於底本，然而考慮到卷一、卷二的每行起訖絶非宋刊本之舊，而全書均是每行二十五字上下，可以推知其各行起訖應已不是宋刊本原款，其行字亦未必與宋刊本相同。〔五〕

此外，《春秋正義》卷一内容是杜預序之疏文，正齋本在卷端題名處眉批十行本題名「附釋音春秋左傳注疏卷第一」，在出文的相應位置眉批杜序全文，〔六〕並摘録十行本注疏之《釋文》。這些眉批的書跡接近正齋本正文，疑爲一筆所書。若然，則是

〔一〕儘管未聞《五經正義》存在徵引《釋文》之處，考慮到「本又作」是《釋文》習語而罕見於《正義》，此疏也許是孔穎達摘録《釋文》爲之。

〔二〕關靖編《金澤文庫本圖録》上，東京幽學社，1935年。

〔三〕例如本書第一三〇〇頁至一三〇八頁書口附近。

〔四〕正齋本與彰考館本的明顯區別，除了缺少卷十五末的「金澤文庫」字、没有彰考館本所署抄寫時間之外，其小澤章跋文的行數和每行起訖也不相同。

〔五〕據英藏黑水城出土《春秋正義》單疏刊本殘葉（OR. 8212/1243KK Ⅱ 0244axxv）復原，宋刊單疏本之行字當在29字上下。

〔六〕《正義》本來備録杜序全文者，眉批不再抄出。

照録底本之眉批。不知彰考館本是否曾存在同様的眉批。

近藤正齋於文化十三年（1816）抄畢《春秋正義》後，森立之等於安政三年（1856）所撰《經籍訪古志》已著録正齋本《春秋正義》三十六卷全帙，時藏於狩谷棭齋求古樓。至於此本何時入藏宮内廳，承董岑仕賜告，田中光顯《古芸餘香》「新收珍書」著録正齋本《春秋正義》全十二册，據住吉朋彥研究，這表明此書乃田中擔任内閣書記官長的明治十八年（1885）以後購入，其後經内閣文庫歸於圖書寮。〔一〕不知何時，第八、第九兩册佚失。清宣統元年（1909），田吴炤赴日考察期間，〔二〕自稱得卷二十二至二十四、卷二十五至二十七二册於書肆，以之歸宮内省圖書寮，俾成完璧。今此二册除正齋藏印外，皆鈐田吴炤「伏侯藏過」白方印。卷二十四末有宣統二年田吴炤跋述其始末，附記得圖書寮假鈔本爲酬事。可以佐證此事的，還有書衣上的題簽。〔三〕正齋本每册之題簽，在書題、卷次下以朱筆標示册數。其中第八、第九册無朱書，第十册朱書「八九欠」。題簽上之朱筆當是明治十八年以後、宣統以前字跡。

《春秋正義》金澤文庫本久佚，正宗寺本於天保間（1830—1844）燒失，〔四〕彰考館本又於二戰期間燒失。〔五〕此正齋本當影寫自正宗寺本，雖與宋刊單疏本存在一定距離，作爲天壤間僅存之完帙，亦彌足珍貴。

在正齋本之外，尚有其他傳抄、翻刻本存世，可能皆從正齋本出。根據張良等學者的調查，〔六〕雜以拙見，撮述如下。

一、臺北故宮藏《春秋正義》抄本，存卷四至九凡六卷，一册。無界欄。鈐楊守敬印。有楊氏對勘明代汲古閣本校語。阿部隆一《「國立故宮博物院」藏楊氏觀海堂善本解題》鑒定爲江户末抄本，並謂此本即《留真譜初編》著録本。〔七〕又，楊守敬《鄰蘇園藏書目録》《觀海堂書目》著録之《左傳正義》一本，册數獨與臺北故宮本一致，蓋即此本。

安井以《留真譜》所摹印卷四之首半葉與正齋本存在文字差異，猜測《留真譜》底本或爲正宗寺原本，恐非。《留真譜》此葉多爲正楷，且用字規範，與諸抄本之書體、用字迥然有別。例如此葉正齋本、復旦本三處「国」字，《留真譜》皆作「國」；正齋本、復旦本「郑」字，《留真譜》作「鄭」。考此葉正齋本、復旦本兩處「義」字，《留真譜》均誤「箋」，蓋因日抄本簡寫「義」字類

〔一〕住吉朋彦撰楊萬里《誠齋集》解題，宮内廳書陵部藏漢籍研究會編《圖書寮漢籍叢考・圖録編》，東京汲古書院，2018年，第221頁。

〔二〕田吴炤訪日在1908—1911年間，參見王亮《「伏侯在東精力所聚」——田吴炤書事鈎沉》，《中國典籍與文化》2008年第4期，總第67期。

〔三〕珂羅版的題簽與正齋本不同。在本書影印出版之前，學者無從獲知正齋本的題簽情況。

〔四〕阿部隆一《增訂中國訪書志》，東京汲古書院，1983年，第36頁。

〔五〕張良《跋復旦大學圖書館藏〈春秋正義〉殘帙》，《中國典籍與文化論叢》第28輯，2023年，鳳凰出版社，第105頁。本書「附録二」亦收録。

〔六〕下述傳抄本三種筆者全未目驗，除了曾請林振岳幫助調查復旦藏本外，多參考張良《跋復旦大學圖書館藏〈春秋正義〉殘帙》；劉曉蒙、王瑞《大連圖書館藏〈春秋正義〉述略》，《國際漢學研究通訊》第27期，北京大學出版社，2023年，本書「附録二」「附録三」分別收録。又方英權《日本抄單疏本〈春秋正義〉版本研究》，山東大學碩士論文，2024年。

〔七〕阿部隆一《增訂中國訪書志》，第36頁。

「箋」字，而《留真譜》誤認作「笺」又規範爲「箋」字。據此可推知《留真譜》此葉文字未能如實反映底本之情形，不能作爲《留真譜》底本優於正齋本之證。

張良以《留真譜》此葉有界欄，而臺北故宮藏本、復旦藏本、正齋本等均無界欄，判斷《留真譜》底本（即《鄰蘇園藏書目録》《觀海堂書目》著録本）另有一本而下落不明。考慮到《留真譜》此葉文字已與底本存在相當距離，以及《留真譜》之界欄未必忠實於底本，〔一〕筆者傾向於阿部的判斷，認爲《留真譜》底本即臺北故宮本。

一、復旦大學圖書館藏《春秋正義》抄本，存卷四至九凡六卷，二册。無界欄。分册、行款、字體與正齋本相同。鈐楊守敬、繆荃孫、劉承幹印。首有光緒十六年（1890）楊守敬題記，謂：

> 此《左傳》單疏僅存卷四至卷九共六卷，亦狩谷望之求古樓本，卷面有狩谷親題籤，並硃書「增井正明寺藏本」。按森立之《訪古志》稱，求古藏單疏卅六卷全本，係常陸國久慈郡增井村萬秀山正明寺所藏，近藤正齋借鈔。此五卷亦題正明寺本，蓋求古樓既藏正齋全本，又收得此殘帙也（中略）。惜正齋本未之見，想正明寺原全本當無恙。寄語筱珊，以告近之使東者留心訪之。

案正齋本卷端鈐「正齋藏」印，一望即知，楊守敬題記既云未見正齋本，則所見有正明寺題簽者必非正齋本，蓋即臺北故宮本。〔二〕鑒於題簽與狩谷可能存在的關聯，臺北故宮本應出自正齋本。復旦藏本並無朱書正明寺題簽，張良斷爲楊氏録副本，售與繆荃孫（字筱珊），甚是。繆氏又於1914年轉售劉承幹嘉業堂。

一、大連圖書館藏《春秋正義》抄本，存卷一至六、卷三十四至三十六凡九卷，三册。有邊欄，無界欄。島田翰、羅振玉舊藏，有俞樾題記。其分册、行款甚至欄外批注文字全同於正齋本。據其小澤章跋文行款與正齋本同，〔三〕而異於彰考館本，可以推知其不應出自彰考館本，當出自正齋本。〔四〕羅振玉致劉承幹函自謂此本乃宣統元年（1909）以厚價得之於島田翰。〔五〕此年羅振玉、田吴炤經島田翰介紹詣宫内省圖書寮看書，〔六〕田吴炤自謂恰巧於同年在書肆訪得圖書寮所闕之正齋本卷二十二至二十四、卷二十五至二十七二册，次年送歸圖書寮，得假鈔本爲酬。所謂假鈔本，不知所蹤。1916年歲末，羅振玉將所藏三册借予劉承幹刻書。〔七〕

〔一〕例如《留真譜初編》所摹《太平御覽》有邊欄而無界欄，未能確知是何種版本。今静嘉堂藏宋刊本之抄配部分與《留真譜》行款、字體一致，而有界欄。

〔二〕臺北故宮本是否有此題簽，以及其他詳情，尚待調查。

〔三〕又，大連本跋文有邊欄，其行末之字每擠入下欄。

〔四〕大連本卷三、六、三十四墨書「金澤文庫」字和末尾小澤章跋所鈐白方名章，疑非底本舊有。

〔五〕1916年函，見梁穎整理《求恕齋友朋書札（中）》，《歷史文獻》第17輯，上海古籍出版社，2013年，第163頁。

〔六〕羅振玉《扶桑再遊記》，《羅振玉學術論著集》第十一集《集蓼编》，第141—142頁。

〔七〕劉承幹《求恕齋日記》（第五册）丙辰12月22日，國家圖書館出版社，2016年，第77—78頁。

一、《嘉業堂叢書》本《春秋正義》卷一至九、卷三十四至三十六凡十二卷，1919 年刊刻。嘉業堂刻群經單疏，每變亂行款，改易文字，今其原本多付影印，翻刻本已不足據。劉承幹跋謂先得二册於日本，後羅振玉復得二册，一並刻之。先得於日本之二册，應指復旦藏本卷四至九。〔一〕後得於羅振玉之二册，應是大連圖書館藏本卷一至六、卷三十四至三十六三册之中，去除重複的卷四至六一册，只取卷一至三、卷三十四至三十六首末二册刻入正文。實際上，嘉業堂翻刻本也利用了大連本，卷四至六校勘記多以「又一本」標出大連本之異文。〔二〕

上述四種傳抄本、翻刻本應皆出自正齋本。今正齋本具在，則傳抄本、翻刻本已不具校勘價值。

在上述傳本之外，宫内廳書陵部的金澤文庫舊藏《春秋經傳集解》鎌倉時代寫卷（唐抄本系統），其卷背及欄外也摘抄了相當篇幅的《春秋正義》以作爲閲讀《集解》的參考。該《正義》出自何種版本，由卷尾仁平四年（1154，宋紹興二十四年）清原氏奥書自道「或據《正義》粗加愚案」，其時尚無《左傳》注疏合刻之事，〔三〕學者遂判斷所抄爲單疏本。〔四〕考慮到寫卷迭經歷次抄寫和批注，文本層次複雜，〔五〕宜作更多考察。另一項證據是《集解》寫卷眉批的《正義》卷次。《集解》卷一隱公之首眉批「《正》二」、卷四閔公之首眉批「《正》十半上」、卷五僖公之首眉批「《正》十年（？）」、〔六〕僖公六年眉批「《正》十一」、末卷卷三十之首眉批「《正》三十六中」等，均迥異於六十卷的十行本系統卷次，亦不同於八行本，只能是單疏本。其中，單疏本、八行本分卷的差異，體現爲閔公是否獨佔一卷，如表所示。

	金澤文庫本眉批	單疏本	八行本
閔公	《正》十半上	卷十	卷十
僖公元年	《正》十年（？）		卷十一
僖公六年	《正》十一	卷十一	
僖公十六年	《正》十二	卷十二	卷十二

不論「年（？）」字何指，由眉批「《正》十一」在僖公六年而非僖公元年，可知金澤文庫本所據《正義》不是八行本，而是單疏本。

至於《集解》所抄《正義》屬於唐抄本還是宋刊單疏本，筆者略校其文本，判斷其多與宋刊本系統（正齋本、八行本等）接

〔一〕劉承幹經手之抄本的實際情況可能比較複雜，在得到羅振玉藏本之前，似乎不止有六卷復旦本。1916 年羅振玉致劉承幹函提及「島田曾録一副贈繆丈，今讀大跋言五卷（引者案：復旦本楊守敬亦云五卷），豈繆丈未全抄耶」。同年 12 月 22 日得到羅振玉藏本時，劉承幹日記云「予本有單疏，祇存十二卷，亦係楊星吾從日本文庫抄來」。羅氏、劉氏所説島田録副、五卷、十二卷等情況，與現存抄本的情況未能完全對應。

〔二〕嘉業堂本校勘記所云「一本又」及「一本」不盡指大連本，詳情可參張良及劉曉蒙、王瑞所列異文表。

〔三〕據沈作賓跋，南宋慶元六年（1200）越刊八行本當是《左傳》注疏合刻之始。

〔四〕劉偉强《金澤本〈春秋經傳集解〉研究》，西北師範大學碩士論文，2021 年，第 24 頁。

〔五〕齋藤慎一郎《師顧堂影印金澤文庫本〈春秋經傳集解〉解題》，《版本目録學研究》第 12 輯，國家圖書館出版社，2020 年。

〔六〕「年」字疑當作「中」或「半下」。

近。尤其是法藏敦煌本哀公十二至十四年《春秋正義》，與《集解》摘録的三段疏文相涉，在四處「也」字和異體字「熟」「孰」的使用上，《集解》所抄與敦煌本不同，而與宋刊本系統完全相同，[一]能夠在一定程度上表明其當出自宋刊單疏本。又，檢所抄《正義》「桓」字多闕末筆，未涉高宗諱字，孝宗名「慎」字多處皆未闕筆，其底本似乎是南宋刊單疏本。若然，金澤文庫本《集解》所抄《正義》，與作爲正齋本祖本的金澤文庫本《春秋正義》之關係，可作進一步探討。金澤文庫本《集解》近有師顧堂影印本，[二]將卷背《正義》等内容合編，頗便閲覽。

正齋本《春秋正義》有1931年日本東方文化學院珂羅版印本，改題爲《景鈔正宗寺本春秋正義》，[三]係《東方文化叢書》第四種，小林忠治郎印製。珂羅版較爲接近正齋本原貌，但受限於印刷技術，流布未廣。與珂羅版配套，安井小太郎《景鈔正宗寺本春秋正義解説並缺佚考》於1933年出版。[四]1934年上海商務印書館《四部叢刊續編》就珂羅版縮印，仿照末册爲全書加邊欄，並新增書口題、葉次，又抹去日人識語、跋文及眉批、訓讀等，未能充分反映底本特徵。2024年山東人民出版社《儒典》縮印本，呈現了珂羅版的基本面貌。現在，上海古籍出版社獲得日本宫内廳書陵部授權，首次就原書照相彩印出版，直逼正齋原本，誠爲《春秋正義》之功臣。

本書在日藏舊抄本之外，另附《春秋正義》殘卷、殘葉兩種，以饗讀者。

一、法國國家圖書館藏敦煌出土《春秋正義・哀公》抄本殘卷(P. 3634v, P. 3635v)。此唐寫本避諱嚴格，書體優美，朱墨分書，文本精嚴，在《春秋正義》所有傳本中最爲接近孔氏《正義》的原始面貌，可謂一字千金。有小島祐馬、財木美樹、蘇芃、許建平、李霖等學者的校勘和研究。[五]

一、英國圖書館藏黑水城出土《春秋正義・文公》單疏刊本殘葉一片(OR. 8212/1243KKⅡ 0244axxv)，存十三殘行。虞萬里有專文考釋及復原。[六]筆者認爲殘片似與已知北宋刊本字體不同，可能是南宋覆刻本。

本文推定《春秋正義》版本的源流關係，參見示意圖(加括號表示亡佚，虛線表示缺乏實據)。謬妄之處，尚祈讀者指正。

[一] 三段疏文中的其他部分，敦煌本與宋刊本系統幾乎没有異文。
[二] 《金澤文庫本春秋經傳集解》，廣西師範大學出版社，2023年。
[三] 珂羅版書衣簽題較原書新添「景鈔正宗寺本」。
[四] 安井並不認爲正齋本的底本是正宗寺本，文章標題「景鈔正宗寺本春秋正義」蓋以指稱珂羅版，與之配套發行。
[五] 陳鐵凡《敦煌本禮記、左、穀考略》，《孔孟學報》第21期(1971年4月)；小島祐馬《巴黎國立圖書館藏敦煌遺書所見録(三)》，《支那學》第6卷第2號(1932年4月)；財木美樹《敦煌本〈春秋正义〉について——P3634、3635》，廣島學會《哲學》第45期(1993年)；黄忠天《淺論敦煌寫卷中有關春秋經傳的學術背景與價值》，《高雄師大學報》第9期(1997年4月)；許建平《敦煌經籍敘録》，中華書局，2006年，第276—278頁；蘇芃《敦煌單疏寫本〈春秋正義〉殘卷録文及校勘記》，《敦煌學研究》2006年第2期，首爾出版社，後收入氏著《〈春秋〉三傳研究初集》，鳳凰出版社，2019年；許建平録文及校勘收入張涌泉主編《敦煌經部文獻合集》，中華書局，2008年，第1348—1362頁；陳旭波、史淑琴《敦煌殘卷本〈春秋左傳正義〉的學術價值》，《敦煌學輯刊》2018年第1期；李霖《宋本群經義疏的編校與刊印》，第186—214頁。
[六] 虞萬里《斯坦因黑城所獲單疏本〈春秋正義〉殘葉考釋與復原》。

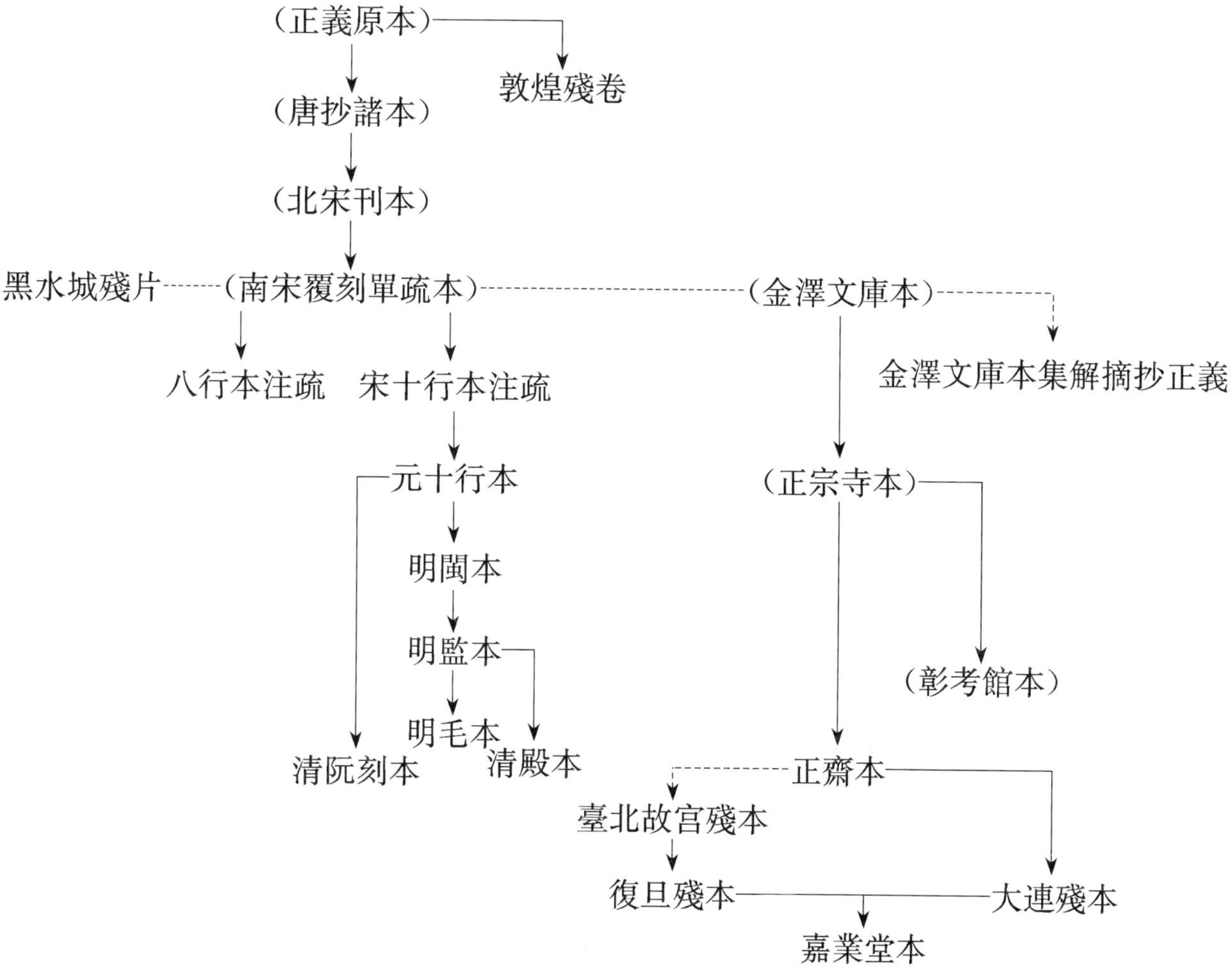
（正義原本）
敦煌殘卷
（唐抄諸本）
（北宋刊本）
黑水城殘片
（南宋覆刻單疏本）
（金澤文庫本）
金澤文庫本集解摘抄正義
八行本注疏
宋十行本注疏
元十行本
（正宗寺本）
明閩本
明監本
（彰考館本）
明毛本
清阮刻本
清殿本
正齋本
臺北故宫殘本
復旦殘本
大連殘本
嘉業堂本

P. 3634v＋3635v《春秋正義》(哀公十二—十四年)解題

許建平

P. 3634v 起《哀公十二年》傳「昭公娶于吳故不書姓」集解「諱娶同姓故謂之孟子若宋女」之孔穎達《正義》「傳言昭公娶于吳」,至《哀公十三年》傳「秋七月」章正義「賈逵等皆云,董褐,司馬寅也」之「董褐」。此號由兩卷組成,爲易於區别,今分别編以 P. 3634vA 與 P. 3634vB。P. 3634vA 共 58 行,P. 3634vB 則爲 37 行,兩卷之間的内容並不直接連接,中間殘缺約 20 行,兩部分合計 95 行。

P. 3635v 起《哀公十三年》傳「秋七月」章正義「何得以二臣爲吳晉之臣」之「二臣」,至《哀公十四年》經「十有四年,春,西狩獲麟」正義「象有武而不用」之「象」(注疏本作「示」),共 51 行。

陳鐵凡疑 P. 3634v 與 P. 3635v 本爲一卷之裂。〔一〕案此兩卷之字體、行款均一致,應是一卷之裂,只是二者之間約殘泐 6 行,不能直接綴合。

小島祐馬已定名 P. 3635 爲「《春秋左氏傳》單疏本」,〔二〕但未言其正背。

《北京大學五十周年紀念敦煌考古工作展覽概要》云:「《春秋左傳正義》,伯三六三四背。唐孔穎達撰,存哀公十二年,凡九十行。箋朱書,正義墨書,初唐寫本,與《毛詩正義》同爲今存單疏之最古者。」〔三〕

王目於兩卷皆定名「春秋左傳正義」,〔四〕並以爲卷背。

P. 3634vA 卷首尚有一截空白紙,可看出有拼接之痕。而這空白紙的另一面(P. 3634)却有字,它的最末一行(P. 3634 第 74 行)即書有「五人懷嬴與焉」行,正是這一行恰爲 P. 3634 卷字體、行款不同的兩部分的分界線(前 74 行行約 24 字,後 79 行行約 20 字)。那麽爲什麽要在前面拼接這 74 行呢(其實原貌遠遠不止此 74 行,前面已經有大量的内容殘缺不見了,從此卷起於《僖公十九年》即可知)?細審寫卷,發現第 74 行末留有兩個字的空白,因爲前面 74 行部分雖下端多有殘泐,但就未殘損之行可見,下端並不留白,字填得非常滿,而且行距、字距極其細密,這與後 79 行的情況不同(後 79 行部分的字距、行距均較疏朗),而且後一部分的天頭、地脚也没有與前一部分對齊。如果是另一人接下去抄

〔一〕陳鐵凡《敦煌本禮記、左、穀考略》,《孔孟學報》第 21 期(1971 年 4 月),第 139 頁。

〔二〕小島祐馬《巴黎國立圖書館藏敦煌遺書所見録(3)》,《支那學》第 6 卷第 2 號(1932 年 4 月),第 101 頁。

〔三〕向達、王重民編《北京大學五十周年紀念敦煌考古工作展覽概要》(1948 年 12 月),第 23 頁。

〔四〕商務印書館編《敦煌遺書總目索引》,中華書局,1983 年,第 291 頁。

後面一部分的話，留白及行距細疏可以理解，但這天頭、地脚不對齊卻難以理解。又第 75 行（即那字體與前不同部分的第 1 行）「降而因」之「降」原誤寫作「限」，旁改「降」，而這「降」字的筆法與前部分同，而與後部分不同。就此我們可以推測，寫卷的抄寫者抄到第 74 行集解「迤沃盥器也揮湔也」後就不抄了，因爲他發現家裏有一份殘卷，其内容正可接續，因而就把那份殘卷拿來綴上去了。拼接好後（當然天頭、地脚没有對齊），發現「降而因」的「降」字錯成了「限」，於是就隨手將它改正了。這個後綴的殘卷，它的另一面寫的是孔穎達《春秋左傳正義》，這就是《正義》是殘文而前面卻有大量的空白紙的原因。實際上抄有《春秋左傳正義》的一面才是寫卷的正面。

但既然諸家均定《春秋左傳正義》面爲背面，確實接在《正義》前面的空白紙是背面，因而今仍依舊號作 P. 3634v＋3635v，擬其名爲《春秋左傳正義（哀公十二—十四年）》，相當於注疏本 2170 頁上欄 20 行—2171 頁下欄 6 行、2171 頁下欄 9 行—2172 頁中欄 10 行。

財木美樹《敦煌本〈春秋正義〉について——P 三六三四、三六三五》以嘉慶二十年南昌府學重刊本《十三經注疏》爲底本，以宫内廳圖書寮所藏影宋鈔本（正宗寺本）、嘉慶二十年南昌府學重刊本、敦煌本對校，撰有校勘記，〔二〕但大多爲異文校録。

圖版

P. 3634v：《寶藏》第 129 册第 388—390 頁。《法藏》第 26 册第 165—167 頁。

P. 3635v：《寶藏》第 129 册第 392—393 頁。《法藏》第 26 册第 169—170 頁。

研究

黄忠天《淺論敦煌寫卷中有關春秋經傳的學術背景與價值》，《高雄師大學報》第 9 期（1997 年 4 月），第 38 頁。

（原載《敦煌經籍敘録》，中華書局，2006 年）

〔二〕廣島學會《哲學》第 45 期（1993 年），第 107—120 頁。

附録一：
景鈔正宗寺本《春秋正義》解説並缺佚考*

安井小太郎 述
王瑞 譯
董岑仕 張良 校

本書爲宫内省圖書寮所藏正宗寺本《春秋正義》三十六卷之景寫複製本。〔一〕圖書寮本原爲幕臣近藤守重（號正齋）舊藏，輾轉歸宫内省收儲，惟其入藏年月不詳。〔二〕每卷首有「正齋藏」墨印，卷尾亦多見「近藤（家章）〔守重〕」、「字〔曰〕重藏」墨印。每半葉十五行，行二十五、二十六字不等。第三卷末有「文化十二年三月，以常陸〔國〕久慈郡萬秀山正宗寺藏本寫之，〔三〕以爲家珍。御書物奉行近藤守重」款識。以下每册皆有此識語，唯年月不同。第三十六卷末署「文化十三年五月」云云，可知書寫歷時十五閱月。守重《正齋書籍考》解題如次：〔四〕

《春秋正義》古鈔真本三十六卷。天文年間據金澤文庫本謄出之古本。爲常州久慈郡增井村正宗寺蓄藏。此寺舊名勝樂寺，《京華集》載之。由夢想弟子月山開基，曩時藏書甚富。今藏於足利學校之宋板巾箱本《周禮》，亦從此寺流出。此本卷首有長孫無忌《表》，〔五〕次孔穎達《序》。〔六〕其後徑接「春秋正義卷第一」，並「國子（中略）孔穎達等奉敕撰」，〔七〕與前述《周易》一致（指正齋所藏《周易正義》），〔八〕皆爲卷子裝寫本（注疏本無長孫《表》，首題「春秋左傳注疏」）。〔九〕後接

*正文翻譯由王瑞（中國中醫科學院中國醫史文獻研究所）執筆，注釋部分由張良（復旦大學歷史學系）擬定，譯、注復經董岑仕（人民文學出版社）、張良審校。

〔一〕此本爲1933年日本東方文化學院珂羅版印本，收入《東方文化叢書》。此篇爲附册，繫於全書之末。《四部叢刊續編》（1934）據此影印本複製，惟全書仿照末册添加版心、邊框，並抹去日人題批訓點，故而大失舊貌。

〔二〕《圖書寮漢籍善本書目》卷一「《春秋正義》三十六卷十二册」，解題云：「景鈔宋槧單疏本。全册係近藤守重手鈔，卷三、卷三十六並有守重手識，蓋文化間自常陸國久慈郡萬秀山正宗寺所藏景鈔宋槧單疏本再傳鈔者。每半葉十五行，行二十五字，行款與本寮所藏宋槧單疏本《尚書正義》同。此本第八、第九兩册久佚。明治四十三年，清國田吳炤偶游我邦，獲諸坊間，遂獻本寮，始爲足本。……每卷首有『正齋藏』，每册尾有『近藤守重』『字曰重藏』印。第八、第九兩册尾有『伏侯藏過』印記，乃田吳炤所鈐（《經籍訪古志》所載本）。」文求堂書店、松雲堂書店，1931年。

〔三〕凡原文誤字、衍字，皆標着重號，以（）識之；訂、補之字皆以〔〕識之。下皆同。

〔四〕後段引文見於近藤守重《正齋書籍考》卷一。

〔五〕長孫無忌《上五經正義表》。

〔六〕孔穎達《春秋正義序》。

〔七〕原書作「國子祭酒上護軍曲阜縣開國子臣孔穎達等奉敕撰」。

〔八〕「指正齋所藏《周易正義》」，此句爲安井小太郎按語。

〔九〕「注疏本」至「左傳注疏」，《正齋書籍考》爲雙行小字。按，原文作「篇題に春秋左傳注疏とあり」，後文乃稱單疏本《春秋正義》卷二「篇題は春秋經傳集解隱公第一とあり」，無乃自亂體例。考注疏本，「春秋左傳注疏」多爲卷目而非篇題，其篇題多爲「春秋序」「春秋經傳集解」云云。故此處改譯作「首題」。

「春秋左氏傳序」「正義曰」云云。次卷首題「春秋正義卷第二」，篇題爲「春秋經傳集解隱公第一」。《正義》之文本與今注疏本所收相較，最爲準確精善，乃至多出二十餘字。予昔時不勝渴望，遂於水户傭募書手影寫珍藏。此本傳世甚罕，嘗聞前時别有謄寫一本者。右三部（《周易正義》《尚書正義》《春秋正義》）[一]全爲予親睹並傳寫收儲者，恂屬孔穎達原書。惟《詩》《禮》二經，予訪於名山，發諸石室，深盼萃爲完璧。

唐長孫無忌、宋孔維二《表》，《十三經注疏》合刻本付之闕如。是明清學者未嘗知其所，幸有我朝古本存之。特此鈔出，意欲傳之廣遠。

（《正齋書籍考》卷一）

表文從略。孔維之《表》不見於正宗寺本，足利學校本《尚書正義》載之。[二]又有云：[三]

《春秋正義》三十六卷。與前述《尚書正義》，並守重珍藏之《周易正義》，均爲天文年間之抄本，屬《正義》單疏本。卷十五有「金澤文庫」摹印。守重今據正宗寺本謄寫珍藏。按，此本十五行二十六字，應是宋刻以前之本。此本乃今西土亡佚者，最可珍重。

（《右文故事・附録》）

此言與正齋記述大略一致，唯「卷子裝寫本」及「宋刻以前之本」云云，尚無確證。頗疑據北宋刻單疏本鈔出。「嘗聞前時别有謄寫一本者」云云，或爲彰考館本。[四]

水户彰考館藏有《春秋正義》一部，乃據正宗寺本鈔出。彰考館本卷末有寬政三年六月水户小澤章之跋文，曰：「此書〔蓋〕天文（年）中之繕寫也，未詳何人〔之〕手澤。字畫〔楷〕正，古人螢雪之（功）〔勞〕，不亦偉乎。《正義》十五題『金澤文庫』字，則自鎌倉出必矣。比挍之今本，魯魚相辯，損益惟祐，得益不少。《集解》四屬闕卷，其他脱簡剥蠹，間亦有焉，豈可不惜乎。余好古之切，詢現住周滴師，裝裁爲《正義》十二本、《集解》十五本，韞（匱）〔匵〕以贈焉。同志之君子夫觀采（焉）〔矣〕。」[五]

正齋倩水户書手傳録所據之本，宜非正宗寺原物，而當爲彰考館本。何以言之？二書字體分毫不爽，每字大小、真行字

[一]「《周易正義》《尚書正義》《春秋正義》」，此爲安井小太郎按語。

[二] 安井小太郎此段亦據正齋原文：「此二表下に引足利宋板注疏本《尚書》に載すること亦同じ。」宋端拱元年國子司業孔維上表，除載越刊八行本《尚書正義》之外，又見於單疏本《尚書正義》卷首。

[三] 後段引文見於近藤守重《右文故事・附録》卷一。

[四] 此本爲日本寬政十一年（1799）寫本，屬金澤文庫本之遞鈔本。計三十六卷十二册，書末有寬政三年六月水户小澤章跋文一篇，爲日本茨城縣彰考館藏。此本今下落不明，惟藉《金澤文庫本圖録》（幽學社，1936年）傳其仿佛。本文所附彰考館本書影均來自該圖録。

[五] 末署「寬政三年辛亥夏六月，小澤章記」。安井氏轉引脱漏頗多，據《金澤文庫本圖録》所附書影正之。

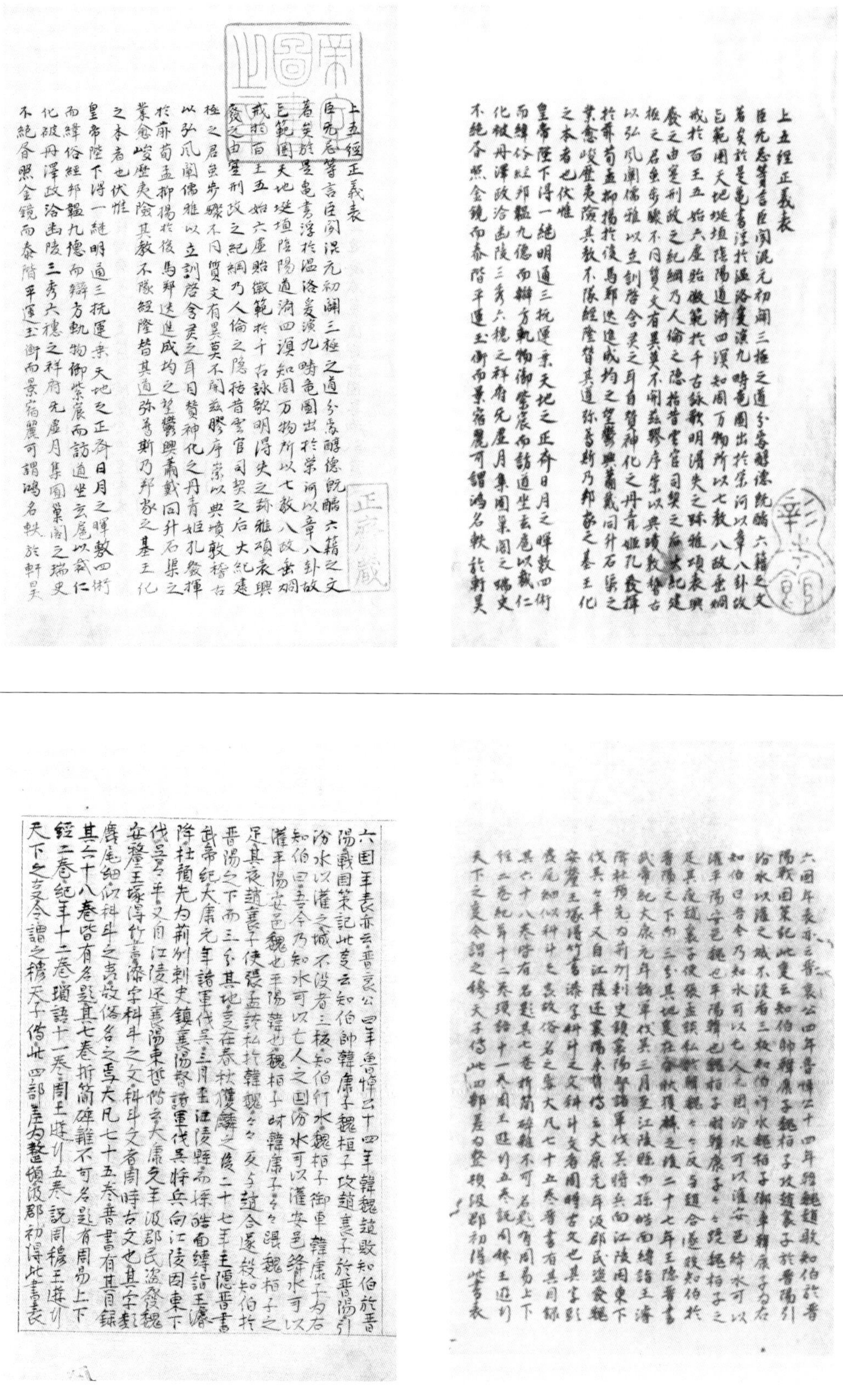

圖一　正齋本(左)、彰考館本(右)對照

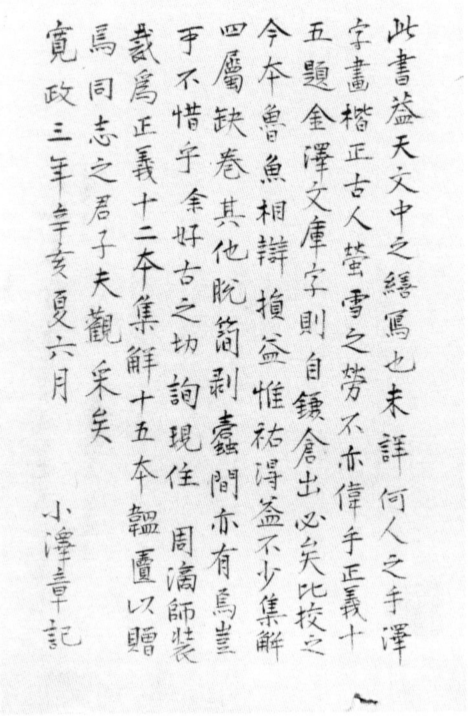
此書蓋天文中之繕寫也未詳何人之手澤
字畫楷正古人螢雪之勞不亦偉乎正義十
五題金澤文庫字則自鎌倉出必矣比校之
今本魯魚相辯損益惟祐得益不少集解
四屬缺卷其他脱簡剥蠹間亦有焉豈
可不惜乎余好古之切詢現住周滴師裝
裁爲正義十二本集解十五本韞匱以贈
焉同志之君子夫觀采矣
寛政三年辛亥夏六月
小澤章記

正齋本

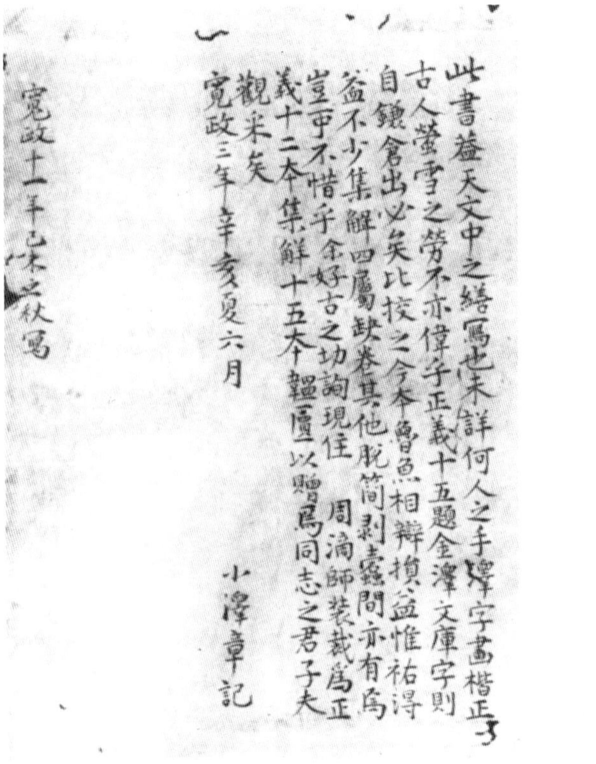
此書蓋天文中之繕寫也未詳何人之手澤字畫楷正
古人螢雪之勞不亦偉乎正義十五題金澤文庫字則
自鎌倉出必矣比按之今本魯魚相辯損益惟祐得
益不少集解四屬缺卷其他脱簡剥蠹間亦有焉
豈可不惜乎余好古之切詢現住 周滴師裝裁爲正
義十二本集解十五本韞匱以贈爲同志之君子夫
觀采矣
寛政三年辛亥夏六月
小澤章記
寛政十一年己未秋寫

彰考館本

圖二　寬政三年六月小澤章跋文

體若合符契；彰考館本闕佚之處，正齋本亦闕；彰考館本訛誤之處，正齋本並誤。正宗寺原本業已失墜，與館本之異同渺不可知，悔屬憾事。前引正齋《右文故事·附録》謂「天文年間之抄本」云云，乃據小澤章跋文言之。蓋正宗寺原本中，信有可斷爲天文鈔本之證，而今不可獲覩，唯小澤章跋文可資是證。又卷十五「題金澤文庫字」云云，彰考館本卷十五末有「金澤文庫」墨書，正齋本無，蓋水户寫手略之。正齋《右文故事·附録》稱正宗寺本「有金澤文庫摹印」，蓋亦據小澤章跋文言之。

此外，正齋本亡失二册，[一]不詳爲圖書寮購進時已缺，抑或入藏後失墜。卷二十四末有清人田吴炤手跋，語涉其事，曰：「《春秋正義》單疏本，爲世間罕見之書。日本宫内省圖〔書〕寮藏有傳鈔本，不知何日流出二册。予於己酉年得之書肆，不忍令此秘笈歸於散逸，因以之歸圖書寮，俾成完璧，亦藝林佳話也。宣統二年，田吴炤記於七畝(會)〔盦〕。」「得圖書寮假鈔〔秘〕本以爲酬。」[二]據此記，正齋本所缺二册終返歸圖書寮，後者又將全書録副，贈予田吴炤。[三]此事亦曾聞於寮員。

〔一〕所缺者爲第八(卷二二至二四)、第九(卷二五至二七)兩册。
〔二〕末署「潛山又記」。
〔三〕田吴炤東瀛訪書本末，參王亮《「伏侯在東精力所聚」——田吴炤書事鈎沉》(《中國典籍與文化》2008年第4期，第86—92頁)、王亮《〈田吴炤书事钩沉〉摭遺》(《天一閣文叢》第7期，天一閣博物館，2009年，第14—16頁)。

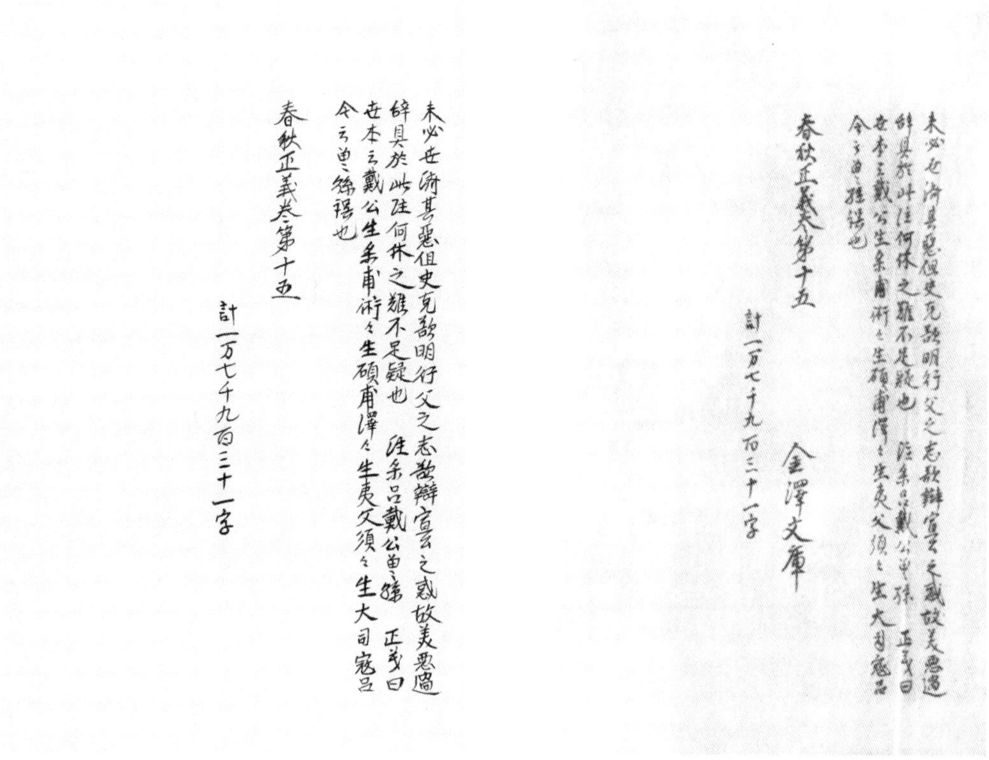

正齋本　　彰考館本（有墨書“金澤文庫”四字）

圖三　《春秋正義》卷十五卷尾

據此，正宗寺本《春秋正義》傳鈔本當有三部，分别爲水户彰考館本、圖書寮本、田吴炤本。後二種皆源出彰考館本。至於正宗寺原本則下落不明。

正宗寺在常陸太田町之西十五、六丁，慶長以前，其地爲佐竹氏之墳塋。寺園雖廣，而今堂宇頽圮，由近處玉簾寺兼住。去年春，予往訪之，面晤兼住佐野禪流氏，求訪《春秋正義》《春秋集解》，及問詢其寺與足利學校之關係，所獲甚微。據佐野禪流氏所言，天保十三年堂宇過火，書籍紛失，有如明治初年之事。至若圖書寮贈田吴炤之本下落如何，詳後文所述。

正齋本後歸狩谷棭齋。安政三年所著《經籍訪古志》卷二有《春秋正義》三十六卷，注云「影舊鈔本，求古樓藏」。解題言「此係近藤正齋所借鈔」云云。〔二〕此本即今之圖書寮本。棭齋所藏之本徑爲祕閣收儲，抑或轉手多人遂入祕閣，不詳。

正齋本相關情況，大抵如上所述。後文謹述《正義》單疏本流傳於中國之情況。

〔二〕澁江全善、森立之《經籍訪古志》卷二（清光緒十一年徐承祖、姚子梁排印本）「《春秋正義》三十六卷（影舊鈔本，求古樓藏）」，解題云：「首有《上五經正義表》及《春秋正義序》。本文首題『春秋正義卷第一』『國子祭酒上護軍曲阜縣開國子臣孔穎達等奉敕撰』。每半葉十五行，行二十五字。每卷末書字數。原本爲常陸國久慈郡增井村萬秀山正宗寺所藏。此係近藤正齋所借鈔。每卷有正齋藏印。又水府儒員小澤章跋，稱原本係天文中鈔本，第十五卷有『金澤文庫』記，又稱别有《集解》十五本，豈孔氏所據集解舊本歟。惜未見。」

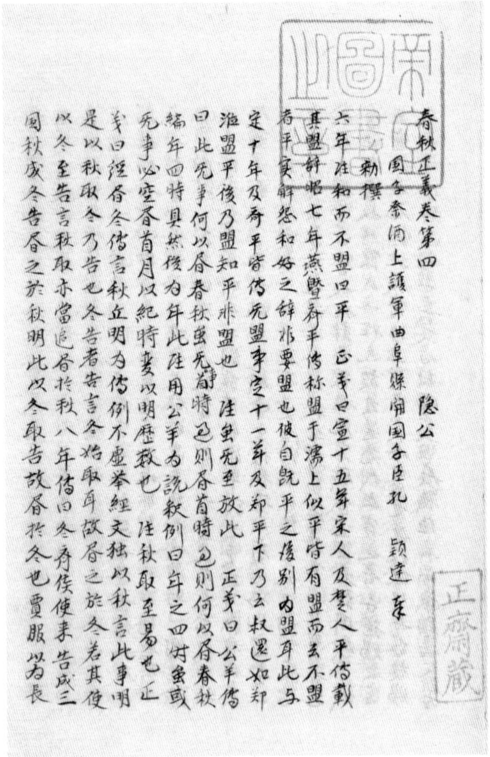

正齋本

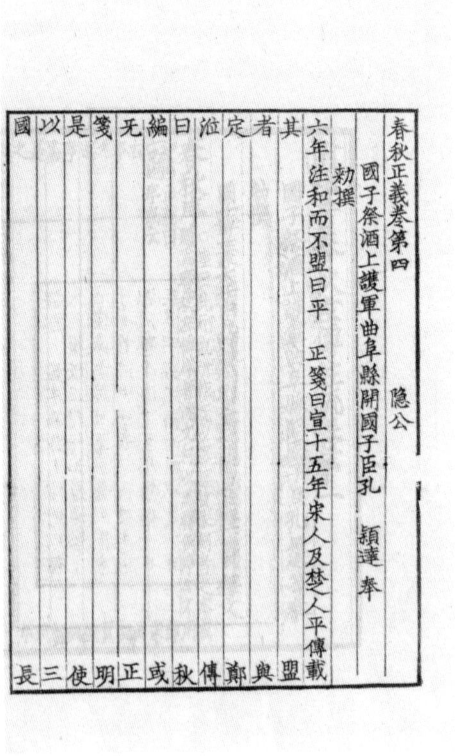

楊守敬《留真譜》

圖四　正齋本、楊守敬《留真譜》對照

劉承幹之《嘉業堂叢書》輯刻五經單疏本，《儀禮》《穀梁》外皆爲殘卷。[一]內有《春秋正義》五卷，自卷首至莊公三十二年，又自定公八年至哀公二十七年，非完本。若校以正齋本，庶同於比勘正宗寺本，當無異議。附《校勘記》一册，卷尾有劉承幹跋，曰「先得二册於日本，後羅叔言學部復得二册。一并刻之，以貽學者。爲阮文達公所未見」云云。據此，嘉業堂本所用底本即得自我邦。未可知傳至彼土者，屬田吴炤本之一部分，抑或正宗寺原本之一部分。[二]

京都弘文堂出版的《支那學》第六卷二號有小島教授《敦

[一] 此説有誤，參韓悦《劉承幹嘉業堂刊刻單疏七經考論》，《歷史文獻研究》第44輯，廣陵書社，2020年，第125—139頁。按，劉承幹《嘉業堂叢書》所刻單疏本計有八種：(1)《周易正義》十四卷，民國三年(1914)刊；(2)《尚書正義》二十卷，民國五年刊；(3)《毛詩正義》殘三十三卷(缺卷一至七)，民國七年刊；(4)《禮記正義》殘二卷(存卷三至四)，民國三年刊；(5)《儀禮疏》五十卷，民國八年刊；(6)《春秋正義》殘十二卷(存卷一至九、卷三十四至三十六)，民國八年刊；(7)《春秋穀梁疏》殘七卷(存卷六至十二)，民國五年刊；(8)《春秋公羊疏》殘七卷(存卷一至七)，民國十七年刊。以上八種之刊行均在本文發表之前。其中，《周易》《尚書》《儀禮》爲全本。

[二] 《嘉業堂叢書》本據殘抄所刻，後附劉承幹跋云：「《正義》三十六卷，今存一之九，又三十四至三十六，共十二卷。……此本卷一序，卷二隱元年，卷三隱二年至五年，卷四隱六年至十一年，卷五桓元年、二年，卷六桓三年至六年，卷七桓七年至十八年，卷八莊元年至十五年，卷九莊十六年至三十二年，是隱、桓、莊三公並全；卷三十四定公八年至十五年，卷三十五哀元年至十一年，卷三十六哀公十二年至二十七年，二十八年不完。……先得二册於日本，後羅叔言學部復得二册，一并刻之，以貽學者。爲阮文達公所未見，今以阮本校異，作札記一卷。歲在屠維協洽中秋，吴興劉承幹跋。」

煌遺書所見録》，關於巴黎圖書館所藏《春秋正義》殘卷一節，〔一〕文中縷述此本與圖書寮本、阮刻本異同。正宗寺本以外，此爲别本之僅見者。文字異同，互有是非，正宗寺本賴以是正處實夥。然此殘卷僅存哀公十三年至十四年四十七行，吉光片羽，至爲可惜。

嘉業堂據殘本《春秋正義》刊刻，是可知《春秋正義》完本誠海内希覯之珍籍。劉承幹跋文「南宋合注、疏、釋音以後，今不見《正義》面目。只吴興沈中賓本，猶（分）三十六卷」云云。張金吾《愛日精廬藏書志》卷五載《春秋左傳正義》三十六卷，引沈中賓跋文，曰：「竊惟《春秋》一經，褒善貶惡，正名定分，萬世之權衡也。筆削淵奥，雖未易測知，然而左氏《傳》、杜氏《集解》、孔氏《義疏》，發揮聖經，功亦不細。萃爲一書，則得失盛衰之迹，與夫諸儒〔之〕説，是非異同，昭然具見云云。慶元庚申二月既望，吴興沈中賓謹題。」〔二〕據此，沈中賓本似爲彙編經、傳、杜注之本，而非單疏本，惟分三十六卷，與單疏本卷數相同。阮元《校勘記》稱沈中賓本爲「宋刻《正義》中之第一善本」。〔三〕楊守敬《留真譜初編·經部》載《春秋正義》卷第四，行款與正齋本同，唯「正義曰」作「正箋曰」。〔四〕逐頁標記頁數，與正齋本不同。〔五〕此或爲正宗寺原本。繆荃孫《藝風藏書記》著録《左傳正義》五卷，曰：「影寫東洋單疏本，存卷四，魯隱公六年起。至卷九。莊公三十一年止。」〔六〕宜爲嘉業堂刻本之一部分。〔七〕

以上爲中國先儒著録情况，備舉正宗寺本相關記載，略敘

〔一〕小島祐馬《巴黎國立圖書館藏敦煌遺書所見録（三）》第五章《春秋正義殘卷》，《支那學》第六卷第二號，第275—280頁。

〔二〕「沈中賓」當爲「沈作賓」之訛。此誤由來有自，誌版本者陳陳相因。南宋慶元本《春秋左傳正義》卷末原有慶元六年二月沈氏跋文，今存世印本脱去，賴張金吾《愛日精廬藏書志》卷五「春秋左傳正義」條轉録得以存世，《藏書志》於沈氏之名取「中賓」二字，注云：「『中』字，宋本甚模糊，或是『作』字，姑以意定。」（此據清道光七年刻本，嘉慶二十五年活字印本未收）又云此一節臨自「金壇段氏校宋慶元本」，則「沈中賓」之名或出段玉裁按斷，而「校宋慶元本」恰與阮元新刊《十三經》密切相關。阮氏《春秋左氏傳注疏校勘記序》有云「慶元間吴興沈中賓分繫諸經注本合刻之」，或依段氏之説而定。後世多從「中」，影響深遠。按《宋史》卷二〇四《藝文志三》著録「沈作賓、趙不迹《會稽志》二十卷」，即嘉泰《會稽志》，今可見傳本。又《宋史》卷三九〇《沈作賓傳》云：「沈作賓字賓王，世爲吴興歸安人。」「慶元初，歷官至淮南轉運判官，以治辦聞。直華文閣，因其任。擢太府少卿，總領淮東軍馬錢糧，繼升爲卿。尋除直龍圖閣，帥浙東，知紹興府。」考嘉泰《會稽志》卷二：「沈作賓，慶元五年十一月，以朝請大夫試太府卿，淮東總領，除直龍圖閣，知（紹興府）。六年二月，轉朝議大夫。三月，除兩浙路轉運副使。」仕履歲月與跋文題署相符。故此處當以「沈作賓」爲是。

〔三〕阮校云：「宋慶元間，吴興沈中賓所刊。案《新唐書·經籍志》載《春秋正義》三十六卷，與此合。宋王堯臣《崇文總目》、晁公武《郡齋讀書志》、陳振孫《書録解題》並同，分卷行款與俗本亦異。……無『附釋音』字，無俗體，是宋刻《正義》中之第一善本。每半頁八行，經傳每行十六字，注及正義每格雙行，行廿二字。經傳下載注，不標『注』字。正義總歸篇末，真舊式也。」

〔四〕《留真譜》似不足爲據。考正齋本「正義曰」，「義」字多作草體，筆畫簡省，頗似「箋」字。復旦大學藏本亦同，楊本乃復旦藏本所自出，原本應不誤，《留真譜》覆刻此葉，或因形近致訛。

〔五〕原文如此。實際上《留真譜初編》摹録之楊本書影未標葉數。

〔六〕此本現藏於復旦大學圖書館（索書號：RB0310）。

〔七〕原文如此。實際上指的是嘉業堂刻本所自出之一部分。

本書寶貴之處。下面説明正宗寺本之缺佚情況，並舉汲古閣本缺佚，而爲正宗寺本所存者。全卷文字之異同，此是彼非，非唯一尊。然汲古閣本魯魚當正者甚多，若費二三年之力精校之，其功可出於阮氏《校勘記》之上。

卷首唐長孫無忌《上五經正義表》，文字與足利學校藏《尚書正義》所載者同。該篇最初附於《五經正義》全書之首，其後五經各自卷首均載此表文。

杜預《序》之《正義》，界欄外文字皆屬後人羼入，非《正義》原文。〔一〕

正宗寺本《春秋正義》缺佚考

原文	篇目	位置	考訂
章徹則作	杜預序	第一卷，葉廿一右側末行	「則作」之下，有三十六行缺文。彰考館本、嘉業堂本同。以下皆同。
爲得其實	杜預序	第一卷，葉廿八右側末行	「其實」之下，有二十行缺文。
惠公名不皇	隱公元年	第二卷，葉二左側第六行	「惠公名不皇」以下，至「丁歷反」三十六字，屬陸德明《釋文》。此後又引《釋文》一條。單疏本中引《釋文》，頗爲詭異，當屬後人羼入。其羼入疑在天文年間鈔寫時，抑或天文之後。正宗寺原本不存，難以遽定，姑且存疑。

續表

原文	篇目	位置	考訂
故稱孟子	隱公元年	第二卷，葉二末行	「稱孟子」以下，有三十字缺文。
闕翦我公室	成公十三年	第十九卷，葉七右側第六行	「正義曰：闕爲缺損，翦謂滅削。言欲害晉之公室。」此十九字汲古閣本佚。〔二〕
禮三年（之）喪畢〔三〕	襄公十三年	第廿二卷，葉三右側第九行	此下，正宗寺本作「遠祖遞，新主入廟，是從先君代爲禰廟也。計昭穆之次，昭次入昭廟，穆次入穆廟，皆代爲祖廟。而言代爲禰廟者，謂〔與〕見在（與）生者爲禰廟」。汲古閣本文大異。〔四〕
注不習謂卜不吉	襄公十三年	第廿二卷，葉四右側第三行	正義曰：「其善不因（住）〔往〕住年，是謂不習吉也。脩德改卜，更以卜吉爲始，又得五吉乃行也。」汲古閣本文大異。

〔一〕前二段應屬作者補記。

〔二〕單疏本實爲十八字。阮校云：「『闕翦我公室』，《正義》曰：闕謂缺損，翦謂滅削，言欲損害晉之公室』，宋本以上二十四字在『傾覆我社稷』句下，閩本、監本、毛本亦脱。」

〔三〕單疏本無「之」字，此處實據汲古閣本原文。阮校「禮三年之喪畢」條：「宋本無『之』字。」

〔四〕汲古閣本卷三二「所以從先君於禰廟者」，正義曰：「禮三年之喪畢，則以遷新主入廟，是從先君代爲禰廟也。計昭穆之次，昭次入昭廟，穆次入穆廟，皆代爲祖廟。而言代爲禰廟者，是從先君之近也。」「則以遷新主入廟」阮校云：「宋本『則以』二字作『遠祖遞』。」又末句「是從先君之近也」，阮校云「宋本作『謂與見在生者爲禰廟』」，與單疏本同。

續表

原文	篇目	位置	考訂
百穀	襄公十九年	第廿二卷，葉十九左側第九行	正義曰：「穀〔之〕種類多，言百，舉成數也。」此文汲古閣本佚。
正義曰當斷	昭公七年	第廿七卷，末葉末行	「當斷」以下，正義三十一字缺文。及七年傳注「外傳」，正義四十二字全缺。[一]
盟于黄	昭公十三年	第廿九卷，葉二右側第九行	「黄」下，「父，公不與盟，以賂免，故黑壤之盟不書，諱」十(五)〔六〕字缺文。
平生	昭公十三年	第廿九卷，葉二左側第四行	「平生」下，四行七十一字空闕。
五歲壹	昭公十三年	第廿九卷，葉(六)〔七〕右側第九行	「壹」之下，「見，其貢材物，要服。六」八字缺文。
午以西之	昭公二十年	第三十卷，葉十四左側第六行	「西之」之下，四十七字，及「七音」正義二十五字缺文。[二]
闕矣正義曰	昭公二十一年	第三十卷，葉廿左側末行	此爲《釋文》之文，羼入。
魯人歡喜季孫	定公八年	第卅四卷，葉四右側第十一行	「季孫」之下，四十九字缺文。
宋萬弑	定公十一年	第三十四卷，葉十右側末行	「宋萬弑」以下，十一年傳、十二年經「衛公孟彄帥師(代宋)〔伐曹〕」之正義「〔注〕彄孟縶子」之間二十三行經文正義全缺。[三]
哀公	哀公元年	第三十五卷，葉一右側初行	汲古閣本，「哀公」之下僅引《釋文》，正義缺佚。

續表

原文	篇目	位置	考訂
在〔春秋〕獲麟之後	哀公二十七年	第卅六卷，葉十六左側第七行	「在〔春秋〕獲麟之後二十七年」以下，「王隱晋書武帝紀」云云九行，汲古閣本全佚。末行「得此書表」以下，此書亦有缺文。今不可知。

前文略敘正宗寺本與汲古閣本之缺佚，不免掛一漏萬，祈博雅君子斧正。汲古閣本之正義前後錯出者甚夥，於義無乖，兹從略。

圖五　"彰考館"印

（原載《中國典籍與文化論叢》第28輯，鳳凰出版社，2023年）

[一]「當斷」以下闕葉。

[二] 此處正齋本脱去第七行至第九行。

[三] 單疏本此處脱去一葉，十五行。此處「二十三行經文正義」乃就汲古閣本而言。

附録二：

跋復旦大學圖書館藏《春秋正義》殘帙

張　良

《春秋正義》單疏已無刻本流傳，今可見存世諸抄本，均可輾轉追溯至日本常陸國久慈郡萬秀山（今屬茨城縣）正宗寺舊藏。由諱字闕筆可知，最初源頭應是南宋覆刻，而非北宋原刊。〔一〕正宗寺本現已不存，〔二〕比較重要的遞抄本有如下幾部：

第一，日本寬政十一年（1799）寫本，水户德川家所設彰考館藏（後文簡稱「彰考館本」）。此本三十六卷，分十二册，卷首鈐「彰考館」朱文葫蘆印（參見圖一），第十五卷尾墨筆摹寫「金澤文庫」四字，全書末綴以寬政三年（1791）六月水户小澤章（《經籍訪古志》稱其「水府儒員」）跋文：「此書蓋天文年中之繕寫也，未詳何人之手澤。字畫楷正，古人螢雪之勞，不亦偉乎。《正義》十五題『金澤文庫』字，則自鎌倉出必矣。比挍之今本，魯魚相辯，損益惟祐，得益不少。《集解》四屬闕卷，其他脱簡剥蠹，間亦有焉，豈可不惜乎。余好古之切，詢現住周滴師，裝裁爲《正義》十二本、《集解》十五本，韞匵以贈焉。同志之君子夫觀采矣。」此本見於日本明治三十五年（1902）森鴻次郎抄贈早稻田大學圖書館的《彰考館藏書目録》，著録爲「《春秋正義》十二册」；〔三〕大正七年（1918）彰考館文庫輯印《彰考館圖書目録》，〔四〕及昭和十一年（1936）幽學社出版的《金澤文庫本圖録》均予收載。惟今下落不明，或已毁於戰火。幸有《金澤文庫本圖録》收載影像若干，可窺其一斑。〔五〕

第二，日本文化十二（1813）至十三年近藤守重寫本（後文簡稱「正齋本」），後歸狩谷望之收藏。《經籍訪古志》著録此本，標識爲「影舊鈔本，求古樓藏」，解題云：「原本則爲常陸國久慈郡萬秀山正宗寺所藏。近藤正齋嘗令人寫者也，每卷有『正齋藏』印。」〔六〕此部今藏於日本宫内廳書陵部。計三十六卷十二册，書末過録小澤章跋文，卷十五末無「金澤文庫」四

〔一〕李霖《宋刊群經單疏傳本討源》，《中國經學》第17輯，廣西師範大學出版社，2015年，第108頁；收入《宋本群經義疏的編校與刊印》上篇第一章第四節，中華書局，2019年，第61頁。

〔二〕阿部隆一稱：「金沢文庫蔵本は夙に亡逸し、正宗寺本も亦天保年間燒失した。」見《「中華民國國立故宫博物院」藏楊氏觀海堂善本解題：中國訪書志一》，《斯道文庫論集》第9號，1970年，第36頁。

〔三〕《彰考館藏書目録》不分卷，抄本，早稻田大學圖書館藏，索書號：イ02 00188。

〔四〕《彰考館圖書目録》卷二九，彰考館文庫排印本，1918年，第1121頁。

〔五〕《金澤文庫本圖録》，幽學社，1936年。本文所附彰考館本書影均來自該圖録。有關彰考館二戰前書籍流散情況，參考新村出《水府紀行のうちより（彰考館の金澤本など）》，見《典籍叢談》，岡書院，1925年，第431—435頁；德富豬一郎《關東探勝記》，民友社，1928年，第98—102、123—126頁。

〔六〕澁江全善、森立之《經籍訪古志・春秋類》，日本書志學會1935年影印初稿本，收入《日本藏漢籍善本書志書目集成》，北京圖書館出版社，2003年，第1册，第691頁。

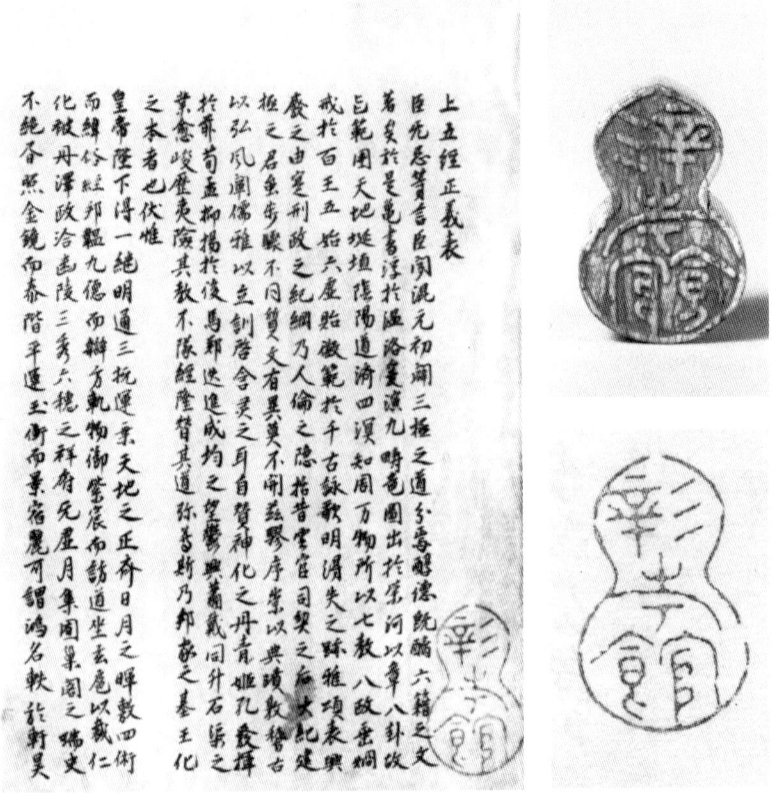
上五經正義表
臣無忌等言臣聞混元初闢三極之道分焉醇德既醨六籍之文
著矣於是龜書浮於溫洛爰演九疇龍圖出於榮河以彰八卦故
能範圍天地埏埴陰陽道濟四溟知周萬物所以七教八政垂炯
戒於百王五始六虛貽徽範於千古詠歌明得失之跡雅頌表興
廢之由實刑政之紀綱乃人倫之隱括昔雲官司契之后火紀建
極之君雖步驟不同質文有異莫不開茲膠序樂以典墳敦稽古
以弘風闡儒雅以立訓啓含靈之耳目贊神化之丹青姬孔發揮
於前荀孟抑揚於後馬鄭迭進成均之望鬱興蕭戴同升石渠之
業愈峻歷夷險其教不墜經隆替其道彌尊斯乃邦家之基王化
之本者也伏惟
皇帝陛下得一繼明通三撫運乘天地之正齊日月之暉敷四術
而緯俗經邦藴九德而辯方軌物御紫宸而訪道坐玄扈以裁仁
化被丹澤政洽幽陵三秀六穗之祥府無虛月集囿巢閣之瑞史
不絕書照金鏡而泰階平運玉衡而景宿麗可以鴻名軼於軒昊

圖一　"彰考館"印

字，行款與彰考館本毫髮不爽。末册（包括卷三十四至三十六）紙葉有版心、邊框，而其他卷册均無。《圖書寮漢籍善本書目》著録「《春秋正義》三十六卷十二册」，解題云：「景鈔宋槧單疏本。全册係近藤守重手鈔，卷三、卷三十六並有守重手識，蓋文化間自常陸國久慈郡萬秀山正宗寺所藏景鈔宋槧單疏本再傳鈔者。……此本第八、第九兩册久佚。明治四十三年，清國田吴炤偶游我邦，獲諸坊間，遂獻本寮，始爲足本。卷二十四末有田氏手跋，云：『《春秋正義》單疏本，爲世間罕見之書。日本宫内省圖書寮藏有傳鈔本，不知何日流出二册。予於己酉〔年〕得之書肆，不忍令此祕笈歸於散佚，因以之歸圖書寮，俾成完璧，亦藝林佳話也。宣統二年，田吴炤記於七啓盦。』又云：『得圖書寮假鈔祕本以爲酬。潛山又記。』每卷首有『正齋藏』，每册尾『近藤守重』『字曰重藏』印。第八、第九兩册尾有『伏侯藏過』印記，乃田吴炤所鈐。」〔一〕安井小太郎曾目驗此本及正齋本，斷曰：「正齋倩水户書手傳録所據之本，宜非正宗寺原物，而當爲彰考館本。何以言之？二書字體分毫不爽，每字大小、真行字體若合符契；彰考館本闕佚之處，正齋本亦闕；彰考館本訛誤之處，正齋本並誤。正宗寺原本業已失墜，與館本之異同渺不可知，悔屬憾事。」〔二〕

田吴炤傳録之正齋本迄無綫索。〔三〕另有若干殘抄本存世。按殘存卷數可分爲兩類傳本：1. 羅振玉自東瀛携歸之本（後文簡稱「雪堂本」），存卷一至六、三十四至三十六，計九卷。按

〔一〕《圖書寮漢籍善本書目》卷一（文求堂書店、松雲堂書店，1931年，第14頁）。諸本當中，宫内廳所藏正齋本流傳較廣，有《東方文化叢書》（1933年）珂羅印本及《四部叢刊續編》（1934）影印本。後者據前者複製。

〔二〕安井小太郎《景鈔正宗寺本〈春秋正義〉解説並缺佚考》，影印日本文化十三年影抄正宗寺本《春秋正義》別册，東方文化學院，1933年。

〔三〕田吴炤東瀛訪書本末，參王亮《「伏侯在東精力所聚」——田吴炤書事鉤沉》（《中國典籍與文化》2008年第4期，第86—92頁）、王亮《〈田吴炤書事鉤沉〉摭遺》（《天一閣文叢》第7期，天一閣博物館，2009年，第14—16頁）。

《羅氏藏書目録·抄本書目》：「《春秋正義》三十〔六〕卷。存一至六、三十四至三十六。日本舊抄本。三本。唐孔穎達疏。前有俞蔭甫題識。」〔一〕羅氏原書今藏於大連市圖書館。〔二〕2. 楊守敬藏本（後文簡稱「楊本」），存卷四至九，計六卷。檢楊氏《鄰蘇園藏書目録》，有《左傳正義》一册，天頭標「日本古鈔本」。〔三〕國家圖書館藏抄本《鄰蘇園藏書目》（索書號：16852）、《觀海堂書目》（索書號：17396）均有著録，分册情況一致。其原本下落不明，據《留真譜初編》模録卷四首葉，可知此本有界欄。別有臺北故宫藏本（索書號：故觀 004589）一部，據《「國立故宫博物院」善本舊籍總目》卷上所記：「《春秋正義》存六卷，唐孔穎達撰，日本江户末傳鈔正宗寺藏單疏本，一册，存卷四—九」。〔四〕褐色封面，鈐楊守敬「星吾海」外訪得」祕笈」朱文方印，無界欄，應非楊氏書目及《留真譜初編》著録本。據阿部隆一目驗，此本校以汲古閣本，有朱筆批注。〔五〕惜咫尺懸隔，無法窺其全貌。幸有復旦大學所藏另一部「觀海遺珠」，可藉以豐富對楊本的認識。此本先後由林振岳、李霖及韓悦諸君揭載於前，〔六〕惟其書物質形態及傳存關係尚有未盡之意，故覈其原書，略述如次。

此部《春秋正義》殘卷（索書號：RB0310）存六卷（卷四至卷九），裝爲二函二册（第一册卷四至六，第二册卷七至九），分册、行款、版式與正齋本一致，墨筆添補也大致相同。〔七〕書册爲湖藍色軟質封皮，雙股綫訂，無包角，非東瀛裝潢之式。第一册卷首自下而上鈐蓋五枚印章：a.「星吾海」外訪得」祕笈」（朱方）、b.「楊守敬印」（白方回文）、c.「復旦大學」圖書館藏」（朱長）、d.「筌孫」（朱長）、e.「吴興劉氏嘉「業堂藏書記」（朱長）、f.「雲輪閣」（朱長）；第二册卷首自下而上鈐 e.「吴興劉氏嘉「業堂藏書記」（朱長）、c.「復旦大學」圖書館藏」（朱長）。分別爲楊守敬（a、b）、繆荃孫（d、f）、劉承幹（e）及復旦大學圖書館（c）藏印。其中，楊守敬、繆荃孫四方藏章印色全然一致，而劉承幹藏記色澤較深。

復旦藏本卷端有光緒十六年（1890）十二月楊守敬題記，云：

〔一〕羅振玉、王國維編《羅氏藏書目録》，北京大學出版社，2015 年，下册，第 121 頁。惟卷數誤作「三十」。

〔二〕《大連圖書館古籍善本書目》經部春秋類有《春秋正義》三十六卷，注曰：「唐孔穎達撰，日本舊抄本，清俞樾題記，三册。存九卷，一至六卷，三十四至三十六卷。」（大連市圖書館，1986 年，第 3 頁）這一條記載顯然源自羅氏目録。

〔三〕楊守敬《鄰蘇園藏書目録》，上海辭書出版社，2009 年，第 3 頁上欄。

〔四〕《「國立故宫博物院」善本舊籍總目》卷上，「國立故宫博物院」，1983 年，第 85 頁。

〔五〕阿部隆一《「中華民國國立故宫博物院」藏楊氏觀海堂善本解題：中國訪書志一》，第 37 頁。

〔六〕參見李霖《宋刊群經單疏傳本討源》，第 109—110 頁；韓悦《楊守敬題跋本諸經單疏四種的特殊價值》，《圖書館雜志》2019 年第 5 期，第 88—95 頁。

〔七〕墨筆添補處見於第 1 葉右側第 9 行，左側第 11 行；第 3 葉左側第 15 行；第 4 葉右側第 14 行，左側第 5、9、11 行；第 11 葉右側第 10 行；第 13 葉左側第 13 行；第 14 葉右側第 10 行，左側第 9 行。等等。其中第 4 葉左側第 5 行，正齋本作「桓」字，闕末筆，復旦藏本誤作「栢」字。由此可知復旦藏本源出正齋本。

此《左傳》單疏，僅存卷四至卷九，共」六卷，亦狩谷望之求古樓本。卷面有」狩谷親題籤，並硃書「增井正明寺藏」本」。按森立之《訪古志》稱，求古藏單疏卅」六卷全本，係常陸國久慈郡增井村」萬秀山正明寺所藏，近藤正齋借鈔。」此五卷亦題正明寺本，蓋求古樓既藏」正齋全本，又收得此殘帙也。阮氏《校勘記》」載宋慶元間吴興沈中賓刊注疏本」卅六卷，稱爲「第一善本」，而豈料此宋」單疏本尚存人間。此本分卷悉與沈本」合，而足訂俗本之處，較沈本尤勝之。惜正」齋本未之見，想正明寺原全本當無恙。寄語」筱珊，以告近之使東者留心訪之。」

光緒庚寅嘉平月，宜都楊守敬記。

後鈐「楊守敬印」白方回文印

此篇《日本訪書志》《鄰蘇老人手書題跋》及《楊守敬題跋書信遺稿》均不載，王重民亦未收入《訪書志》補編。韓悦録文在後，稍廣爲人知。[一] 值得注意的是，卷首題記中所謂「正明寺」，顯然是「正宗寺」之訛，而這些流傳信息均來自於《經籍訪古志》。楊守敬出使日本，曾抄録《經籍訪古志》一部，此時森《志》尚無刻本。森立之《經籍訪古志跋》云：「此書曩者守敬楊氏以重價得一本，甚愛之。余曰：『此本係偷抄，其誤不少，原本一部在我手，宜校正。』其後未及校正而分手。」[二] 然遍檢楊氏藏書目，均未見此抄本。或諸目尚未編集，而此本已爲楊氏脱手。光緒十一年（1885）徐承祖、姚子梁鉛印本出版後，楊守敬亦得到一部，且多所批校，復旦藏本題記作於光緒十六年十二月，則楊守敬所據，極有可能就是徐姚鉛印本。帶有楊氏批注的這個本子在庚子國變前後（光緒二十六年）散出，後歸橋川時雄收藏。[三] 徐姚本印於日本，魯魚頗多，其「正宗（しゅう）寺」一律誤作「正住（じゅう）寺」（森《志》底稿不誤），二字日語音讀接近，允爲日本工匠之失。從楊氏角度來看，東瀛梵刹鮮見「正住」之名，不排除依據篋藏本硃書題記修訂森《志》引文的可能性。然此硃書題記稱「增井正明寺」，同樣與實際情況相去甚遠。在另一方面，《經籍訪古志》底稿既書「正宗寺」，[四] 則狩谷棭齋、澀江全善、森立之諸君顯然没有誤會《春秋正義》的確切來源，故硃書「正明寺」云云，絶非狩谷親筆，而楊本《春秋正義》也不是求古樓故物。

復旦藏本非日式裝箎，不見楊守敬題識所稱硃書「增井正明寺藏本」七字，分册亦與楊本不符。又據《留真譜》模影，楊

[一] 韓悦《楊守敬題跋本諸經單疏四種的特殊價值》，《圖書館雜志》2019 年第 5 期，第 94—95 頁。

[二] 《「國立故宫博物院」善本舊籍總目》卷上，「國立故宫博物院」，1983 年，第 85 頁。

[三] 長澤規矩也《楊惺吾日本訪書考》，《長澤規矩也著作集》第 2 卷，汲古書院，1982 年，第 235 頁；並《經籍訪古志考》，《長澤規矩也著作集》第 2 卷，第 208 頁。

[四] 澀江全善、森立之《經籍訪古志》卷尾，清光緒十一年徐承祖、姚子梁排印本。

本有界欄，而復旦藏本同臺北故宮所藏一致，均無界欄，屬録副本無疑。此外繆荃孫、劉承幹藏印均非贋鼎。《藝風藏書記》有「《左傳正義》五卷」，注云：「影寫東洋單疏本，存卷四，魯隱公六年起。至卷九。莊公三十一年止。」〔一〕又考繆荃孫《庚寅日記》光緒十六年三月：「二十日己丑，雨竟日。李荆南太守招飲，惺吾、獻之同席，再上鄰蘇園看書。」次日二十一日庚寅：「晚渡江赴惺吾之約，獻之、葆初仝席。託鈔《太平聖惠方》、各經單疏。携歸《和名類聚鈔》《游仙窟》《開天遺事》《冥報記》。」〔二〕值得注意的是，繆荃孫託鈔「各經單疏」均藏於復旦大學，《春秋》之外，還有《周易》《尚書》及《禮記》三種，卷端或拖尾同樣附有楊守敬識語，落筆時間也和《春秋正義》一致（參見表一）。則遲至光緒十六年十二月，四部單疏均已抄成。而繆荃孫該年遊歷於外，直到一年後方獲覩楊氏録副本。〔三〕

表一　繆荃孫舊藏單疏本四種

書名	位置	題署
春秋正義	卷端	寄語筱珊，以告近之使東者留心訪之。光緒庚寅嘉平月，宜都楊守敬記。（RB0310）
周易正義	卷端	乃重録以遺筱珊同年，其有以教我。光緒庚寅嘉平月，宜都楊守敬記。（RB0308）
尚書正義	卷端	筱珊同年屬爲重録，因記其原起如此。光緒庚寅嘉平月，宜都楊守敬。（RB0309）
禮記正義	卷尾	特重録一通，以貽筱珊，知不河漢余言。庚寅嘉平月，楊守敬記。（RB1554）

其後民國三年（1914），繆荃孫又將此本轉售劉承幹。按繆荃孫《甲寅日記》二月廿五日丙午：「送《詩經》《左傳》單疏與翰怡。」〔四〕覈劉承幹《求恕齋日記》甲寅年三月十五日：「日前繆筱珊送來《毛詩》單疏、《春秋》單疏，均屬殘本，係從日本文庫録出，當時以葉計算，鈔資每葉三角，《毛詩》共計八百八十一葉，計洋二百六十四元三角。《春秋》則補計葉，價洋三十元，該款於今日交去。」〔五〕《嘉業堂鈔校本目録》見有「《春秋正義》殘本六卷」，注云：「皮紙抄北宋本，三册，楊守敬題記，雲輪閣舊藏，存卷四之九」。〔六〕紙張、題記、印鑒悉與同復旦藏本，惟册數不合，應屬手民之失。可以確信的是，復旦藏本出自楊守敬鄰蘇園，後經繆荃孫、劉承幹遞藏，傳承有序。

民國八年己未，嘉業堂刊《春秋正義》，〔七〕其卷七至九即

〔一〕繆荃孫《藝風藏書記》卷一，上海古籍出版社，2007年，第11頁。
〔二〕繆荃孫《繆荃孫日記》，北京大學出版社，1986年，第1册，第250—251頁。
〔三〕繆荃孫《辛卯日記》十一月八日：「見宋本《周禮》單注、《五代史記》、《周易》單疏、《尚書》單疏各種，皆從楊星吾處購來。」見《繆荃孫日記》第1册，第412頁。
〔四〕繆荃孫《繆荃孫日記》，第7册，第2703頁。
〔五〕劉承幹著，陳誼整理《嘉業堂藏書日記抄》，鳳凰出版社，2016年，上册，第152頁。
〔六〕羅振常原著，周子美編《嘉業堂鈔校本目録》卷一《春秋類》，華東師範大學出版社，1986年，第9頁。
〔七〕《春秋正義》刊刻始末參見韓悦《劉承幹嘉業堂刊刻單疏七經考論》，《歷史文獻研究》2020年第1期，第132—134頁。

以此爲底本。劉承幹跋云：

《正義》三十六卷，今存一之九，又三十四至三十六，共十二卷。……此本卷一序，卷二隱元年，卷三隱二年至五年，卷四隱六年至十一年，卷五桓元年、二年，卷六桓三年至六年，卷七桓七年至十八年，卷八莊元年至十五年，卷九莊十六年至三十二年，是隱、桓、莊三公並全；卷三十四定公八年至十五年，卷三十五哀元年至十一年，卷三十六哀公十二年至二十七年，二十八年不完。……先得二册於日本，後羅叔言學部復得二册，一并刻之，以貽學者。爲阮文達公所未見，今以阮本校異，作札記一卷。歲在屠維協洽中秋，吴興劉承幹跋。〔一〕

劉承幹謂「先得二册於日本」者，指的就是復旦所藏，民國三年購於繆荃孫之殘卷。至於從羅振玉處「復得二册」，則源自雪堂自藏，屬遞抄本。惟劉承幹所記册數不確。據民國五年十二月九日羅振玉投書劉承幹所言：「承假《左傳》單疏託舍親轉奉，計三册，祈檢入。此在東邦亦是孤本，請飭寫官鄭重爲荷。」〔二〕又《求恕齋日記》丙辰年（民國五年）十二月二十二日條記載：「叔韞近贈余珂羅版印書十種，皆伊新在日本所印者。又爲余向日本竹里圖書館借得《左傳》單疏三册，擬刻《嘉業堂叢書》者也。余本有單疏，只存十二卷，亦係楊星吾從日本文庫抄來。」〔三〕惟「竹里圖書館」頗不可解。先是，當年十一月十七日羅振玉致信劉承幹，有曰：「東邦所傳《左傳正義》僅島田重禮所藏彼國天文間當我嘉靖間金澤文庫鈔殘本，存卷一至卷六，又卷三十四至三十六，僅得九卷。今此本存弟處，乃宣統元年以厚價得之島田翰者。島田言曾録一副贈繆丈，今讀大跋言五卷，豈藝丈所藏未全鈔耶？若僅得五卷，則弟之所藏可以補藝風堂本之闕者，可據補大刻之未備也。」〔四〕則「竹里」或爲「重禮」之訛。至於劉氏去函稱繆本「五卷」，覈復旦原書，當爲「六卷」。時劉承幹日記、書信多由秘書沈焜（字醉愚，南潯人）代筆，口耳相承之間，難免致誤。

島田重禮，字敬甫，號篁村，島田翰之父。〔五〕平生惟嗜書籍，生前「聚書二萬餘卷，上自唐鈔宋槧，下至於近代名人著書，精鑑博索，兼收並蓄，無所不有」。〔六〕其家藏《春秋正義》源出圖書寮所藏正齋本。據島田翰致繆荃孫信札云：「《左氏正

〔一〕嘉業堂刻本《春秋正義》卷末。

〔二〕梁穎整理《求恕齋友朋書札（中）》，《歷史文獻》第17輯，上海古籍出版社，2013年，第163頁。

〔三〕劉承幹著，陳誼整理《嘉業堂藏書日記抄》，上册，第296頁。

〔四〕梁穎整理《求恕齋友朋書札（中）》，第163頁。

〔五〕生平參見鹽谷時敏《篁村島田先生墓碑銘》，收入《篁村遺稿》卷首，日本大正七年鉛印本；太田才次郎《舊聞小録》卷下，三陽堂排印、文興堂發賣，1939年。

〔六〕島田翰《古文舊書考・發凡》，上海古籍出版社，2017年，第6—7頁。

義》單疏本，敝邦尚有三十六卷足本，今藏在常陸國久慈郡增井村正宗寺。而其傳鈔本，則翰亦藏之。」[一]

羅振玉携來之本卷目與復旦藏本有所重合（卷四至卷六）。嘉業堂刻本書後《校勘記》亦明確指出：「單疏本卷四至卷六有兩本，今於兩本全同阮本者不注，其或同或否者注之。」嘉業堂本於此三卷正文，則不主一本，擇善而從：凡二本内文互異之處，若正文從復旦藏本，校勘記則以「另一本」起首標識雪堂遞抄本異文；若復旦藏本翻同「另一本」，則嘉業堂本所取宜合乎雪堂遞抄本面貌（參見表二）。

表二　嘉業堂本（卷四至六）兼採二本異文例

年份		正齋本	復旦藏本	嘉業堂本（校記）
隱公六年	經	齊侯使來告成	齊侯使來告成	齊侯使來告成（又一本來作柔）
	傳	正義曰渝變也	正義曰渝變也	正義曰渝變也（又一本渝作喻）
		頃父之子	頃文之子	頃父之子（又一本頃父作頃文）
		出奔共池	出奔共池	出奔共池（又一本共池作共地）
		大子宜臼	大子宜臼	大子宜臼（又一本臼作舊）
七年	經	束帛加璧	束帛加璧	束帛加璧（又一本帛作白）
		使卿大夫頫聘	使卿大夫頫聘	使卿大夫頫聘（又一本使作便）
		非因執之辞	非因執之辞	非因執之辭（又一本因作国）
		因諸負瑕	因諸負瑕	因諸負瑕（又一本作因諸買瑕）
	傳	志不在於歃血	志不在於歃血	志不在於歃血（又一本志作忘）
		非歃者自誦之	非歃者自誦之	非歃者自誦之（又一本非作亦）

續表

年份		正齋本	復旦藏本	嘉業堂本（校記）
八年	經	若祭祖而諱祖	君祭祖而諱祖	若祭祖而諱祖（又一本若作君）
		使爲會主	使爲會主	使爲會主（又一本使作便）
	傳	周室既衰	周室既衰	周室既衰（又一本室作宣）
		无所祭祀	无所祭祀	无所祭祀（又一本祭作奉）
		曷爲謂之許田	曷爲謂之許田	曷謂爲之許田（又一本曷作易）
		非由近許	非田近許	非由近許（又一本由作田）
		故不使別姓	故不使別姓	故不使別姓（又一本使作便）
		在齊爲王孫氏	任齊爲王孫氏	在齊爲王孫氏（又一本在作任）
		王父之字爲族也	王父之字爲族九	王父之字爲族也（又一本也作九）
		司城又自爲樂氏	司城又自爲樂氏	司城又自爲樂氏（又一本又作之）
十一年	經	許男斯処容城	許男斯処客城	許男斯處容城（又一本容作客）
桓公元年	傳	蓋史闕文	蓋夫闕文	蓋史闕文（又一本史作夫）
二年	傳	故特称仲尼	故特称仲尼	故時稱仲尼（一本又作特稱）
		始有惡心	始府惡心	始府惡心（又一本亦作有）
		故貶称諸侯	故貶称諸侯	故貶稱諸侯（一本侯又作族）
		囲其東门	囲其束门	圍其東門（又一本東作束）
		或草或瓦	或章或瓦	或草或瓦（又一本草作章）
		其頸五寸	其頭五寸	其頸五寸（又一本頸作頭）
		或作皷	或作皷	或作皷（又一本皷作鞞）

[一] 顧廷龍等整理《藝風堂友朋書札（下）》，上海古籍出版社，1981年，第1026頁。

續表

年份		正齋本	復旦藏本	嘉業堂本（校記）
二年	傳	徐廣車服儀制	徐廣車服殘制	徐廣車服儀制（又一本儀作殘）
		天子赤皮蔽膝	天子亦皮蔽膝	天子赤皮蔽膝（又一本赤作亦）
		若今之絛繩	若今之絛繩	若今之絛繩（又一本絛作條）
		紘纓同類	紘纓同類	紘纓同類（又一本纓作縷）
		繅藉九寸	繅藉九寸	繅藉九寸（又一本繅作絲）
		玉路錫樊纓	玉路鍉樊纓	玉路錫樊纓（又一本錫作鍉）
		是〔方〕可以示儉	是〔方〕可以示儉	是方可以示儉（一本無方字）
		江東人呼粟爲粢	江東人呼粟爲粢	江東人呼粟爲粢（又一本粢作粢）
		固應禮之大者	固應禮之大者	固應禮之大者（一本應又作意）
		士練帶	士練帶	士練帶（一本練又作縹）
		其樊及纓/翦樊鵠纓	其樊及纓/翦樊鵠纓	其樊及纓/翦樊鵠纓（一本纓作纔）
		示民早晚	示氏早晚	所以示民早晚（一本民作氏）
		此時當楚武王也	氏時當是武王也	此時當楚武王已（一本又作此時當是武王也）
		居于鄆	居于鄆	居於鄆（一本又作鄲）
		欲民速覩爲善之利	欲民遠覩爲善之利	欲民速覩爲善之利（又一本速作遠）
		取能成師衆	取能成師衆	取能成師衆（又一本成作咸）
三年	經	杜以正是王正	杜以正是王正	杜以正是王正（一本又作正王）
		歷從王出	歷從王出	厤從王出（又一本從作説）
		以應天正	以應天王	以應天正（又一本正作王）
		天王居于狄泉	天王居于狄泉	天王居於狄泉（一本又作獨泉）
		改之不憚於王	改之不憚於王	改之不憚於王（一本王又作正）

續表

年份		正齋本	復旦藏本	嘉業堂本（校記）
三年	傳	詩舉正法以刺上	詩舉正法以刺上	詩舉正法以刺上（又一本正作王）
		互舉其義	至舉其義	互舉其義（又一本互作至）
		其意言不堪事宗廟	其意言不堪事宗廟	某意言不堪事宗廟（一本某又作其）
四年	經	唯有三驅故知行三驅之正禮	唯有三驅故知行三驅之正禮	惟有三驅故知行三驅之禮（又一本三均作王）
		經不書大野	經不書大野	經不書大野（又一本不作本）
	傳	故注申其意	故注申其意	故注申其意（又一本申作中）
五年	經	楊雄方言云	楊雄方言云	楊雄方言云（一本作揚）
		陸機毛詩疏云	陸機毛詩疏云	陸機毛詩疏云（一本作機，似亦誤）
		又有蟿螽土螽	又有蟿螽之螽	又有蟿螽土螽（又一本土作之）
		狀如瑇瑁	狀如接瑁	狀如瑇瑁又（一本瑇瑁又作接瑁，疑誤）
	傳	不使郑伯復知王政	不使郑伯復知王政	不使鄭伯復知王政（又一本使作便）
		更別言秋	更別言秋	更別言秋（又一本言作書）
		此其大準也	此其文準也	此其大準也（一本作文準）
		黄帝曰含樞紐	黄帝曰含樞紐	黄帝曰含樞紐（紐字，一本又作組）
		見謂合昏見也	見謂合昏見也	見謂合昏見也（合字，一本又作見）
		凡周之秋五月之中而旱	凡周之秋五月之中而旱	凡周之秋五月之中而旱（一本旱又作早）
		而欲以雩祭	而欲以雩祭	而欲以雩祭（又一本雩作雲）
		知始殺爲建酉之月	知始穀爲建酉之月	知始殺爲建酉之月（又一本殺作穀）
		九月乃成霜	九月乃或霜	九月乃成霜（又一本成作或）

續表

年份		正齋本	復旦藏本	嘉業堂本（校記）
桓公六年	經	故特書公也	故時書公也	故特書公也（又一本特作時）
		未必田獵	未必田獵	未必田獵（又一本未作來）
		經所不見	經所本見	經所不見（又一本不作本）
	傳	使列諸国	使列諸国	使列諸侯（又一本侯作國）
		季梁以之鮮情	季梁以之鮮情	季梁以之解情（一本又作解惰）
		使宗婦侍夫人	使宗婦侍夫人	使宗婦侍夫人（又一本侍作待）
		俗語臂云	俗語臂云	俗語臂云（一本云又作至）
		是其末爲之諱	是其末爲之諱	是其末爲之諱（又一本其作真）
		既言以諱事神	既言以諱事神	既言以諱事神（又一本神作例）
		元孫某独諱者	元孫某独諱者	元孫某獨諱者（又一本某作其）
		廢其所主山川	廢其所王山川	廢其所主山川（又一本主作王）

對照正齋本可見，復旦藏本文字劣化顯著，屬晚出本，且純屬摹録，全無校勘，參考價值不大； 嘉業堂本據晚出本整理，實不足觀。今彰考館本難覓蹤跡，正齋本無疑是傳世《春秋正義》中最善之本。

（原載《中國典籍與文化論叢》第28輯，鳳凰出版社，2023年）

附録三：大連圖書館藏《春秋正義》述略

劉曉蒙　王　瑞

《春秋正義》單疏本久無刻本傳世，其面目至清末已不爲中土所知，直到此間學人東游日本，方才依據鈔本一窺此書面貌。民國初，劉承幹嘉業堂輯刻諸經單疏，於1919年刊成《春秋正義》殘本十二卷（卷一至九、三四至三六）。嘉業堂本《春秋正義》所據底本有二：一爲楊守敬從日本訪歸的殘本之遞鈔本（卷四至九），今藏於復旦大學圖書館（以下簡稱「復旦藏本」）；一爲羅振玉從日本訪歸的殘本（卷一至六、三四至三六），今藏於大連圖書館（以下簡稱「大連藏本」）。關於嘉業堂本《春秋正義》所據底本的情況，已有韓悦、張良等學者做過考證。[一]至於大連藏本的基本面貌、傳存經過，學界迄無發覆。

嘉業堂本《春秋正義》無疑是《春秋左傳》單疏回傳過程中的重要一環，有功於學界頗多。雖有魯魚亥豕之弊，但不可否認的是，直到1933年日本東方文化學院珂羅版影印日本宫内廳藏影鈔正宗寺本《春秋正義》（以下簡稱「宫内廳本」），嘉業堂本在這十幾年間一直是最爲流行的《春秋左傳》單疏本，而這段時間又恰是民國學術無比活躍的一個時期。作爲劉承幹所據底本之一，大連藏本對於探討嘉業堂本《春秋正義》的刊刻經過具有重要價值。考察大連藏本的面貌，揭示大連藏本與嘉業堂本《春秋正義》間的關係，有助於我們進一步探討民國時期書籍史、中日學術交流史，乃至爲經學學術史的書寫再添一塊拼圖。

一、《春秋正義》大連藏本的面貌與流傳本末

《羅氏藏書目録・抄本書目》：「《春秋正義》三十〔六〕卷。存一至六，三十四至三十六。日本舊鈔本。三本。唐孔穎達疏。前有俞蔭甫題識。」[二]《大連圖書館古籍善本書目》經部春秋類著録「《春秋正義》三十六卷。唐孔穎達撰，日本舊抄本，清俞樾題記。存九卷，一至六卷、三十四至三十六卷。」[三]大連藏本即羅振玉從日本訪歸的本子，亦即嘉業堂本《春秋正義》所據底本之一。經目驗可知，大連藏本與宫内廳本關係

[一] 參見韓悦《劉承幹嘉業堂刊刻單疏七經考論》，《歷史文獻研究》2020年第1期，第132—134頁；張良《跋復旦大學圖書館藏〈春秋正義〉殘帙》，安井小太郎《景鈔正宗寺本〈春秋正義〉解説並缺佚考》譯文附録，《中國典籍與文化論叢》2024年第2期，第96—114頁，又載本書附録二。

[二] 羅振玉、王國維編《羅氏藏書目録》，北京大學出版社，2015年，下册，第121頁。原文作「《春秋正義》三十卷」，明言其存有卷三十四至三十六，「三十」是「三十六」之訛，脱「六」字。

[三] 《大連圖書館古籍善本書目》，大連市圖書館，1986，第3頁。

極爲密切，二者每行起訖以及缺文情況完全相同。宮内廳本爲三十六卷全帙，裝爲十二册（雖有闕葉及缺文）。大連藏本存九卷，三册：第一册爲卷一至三，第二册爲卷四至六，第三册爲卷三十四至三十六，完全對應宮内廳本的册别與分卷。

大連藏本全書四周單邊，無界欄，行款及欄外批注文字與宮内廳本全同。每葉於左側標有葉碼（其中，第一册葉五十三分「五十三上」與「五十三下」兩葉）。第一册葉十二第五行（自「故守其本名」始）至葉五十三上，以及葉五十四至葉七十七第一册結束，字體爲隸書，仿漢簡風格；其餘字體皆爲行楷，風格與宮内廳本相仿。或可證鈔手非一人，或經後期補鈔。卷一偶有朱筆圈點，卷二、三全卷皆經朱筆圈點，凡人名以朱筆單線畫出，書名以朱筆雙線畫出。卷五、六首葉「孔穎達奉等奉」之上二「奉」字以墨框圍之，以示誤衍。

大連藏本每册首葉（卷一、四、三四）均鈐有「忙裡偷閒齋征」朱文印〔一〕、「旅大市圖書館所藏善本」朱文印、「島田重禮」白文印、「敬甫」朱文印〔二〕、「島田翰讀書記」白文印。卷二首葉同樣有「島田翰讀書記」白文印。第一、二册末葉，及第三册首葉第一行「定公」二字下均有手書「金澤文庫」字樣，是與宮内廳本不同之處。

大連藏本偶有缺文，所缺之文與宮内廳本缺文完全一致。第一册葉廿二右半葉空白，以示葉廿一末「章徹則作」以下缺文，左半葉自「趙人貫公」始。卷一止於「此下至爲得其實」，以下缺文。葉四左半葉「季孫」至「於季孫」之間有三行缺文。葉十一右半葉空白，以示自「莊十二年宋萬弑」至「注彊孟縶子」之間大段缺文。卷三六止於「得此書表」。

宮内廳本偶有字跡漫漶難辨之處，大連藏本則以空格闕如（如第二册葉十六左半葉第七行第二字「告廟」之「告」，宮内廳本漫漶難辨，大連藏本作空字。如圖一）。另外，末葉有寬政三年小澤章記，文字及行款與宮内廳本全同（如圖二）。〔三〕綜上可知，大連藏本是以宮内廳本爲底本謄出，當無疑問。

尤其值得注意的是，大連藏本第一册護葉有俞樾題記，不見於曲園自編諸書，遍稽諸家整理本，亦未見收録，迻録如下：

〔一〕「忙裡偷閒齋」不知是何人。1944年日本湯川弘文社出版井岡咀芳著《ジャワを中心とした南方の実相》（中文可譯爲《以爪哇爲中心的南方世界》），該書序言署名「忙裡偷閒齋井岡咀芳識」，但僅有文字，未見圖章。故「忙裡偷閒齋征」印是否即此井岡氏，難以確定。井岡咀芳齋號忙裡偷閒齋，此事承蒙復旦大學張良老師示知，特此致謝。

〔二〕「敬甫」爲島田重禮藏書印。此印釋讀有賴人民文學出版社董岑仕老師賜教，特致謝忱。

〔三〕關於卷末小澤章記，可參見1933年日本東方文化學院珂羅版印本景鈔正宗寺本《春秋正義》（收入《東方文化叢書》）之附册：安井小太郎《景鈔正宗寺本〈春秋正義〉解説並缺佚考》一文；或該文之譯文（王瑞譯，董岑仕、張良校），本書附録一、二。

圖一　宫内廳本此葉第七行第二字漫漶難辨，實當爲"告"字（大連藏本則作空字）

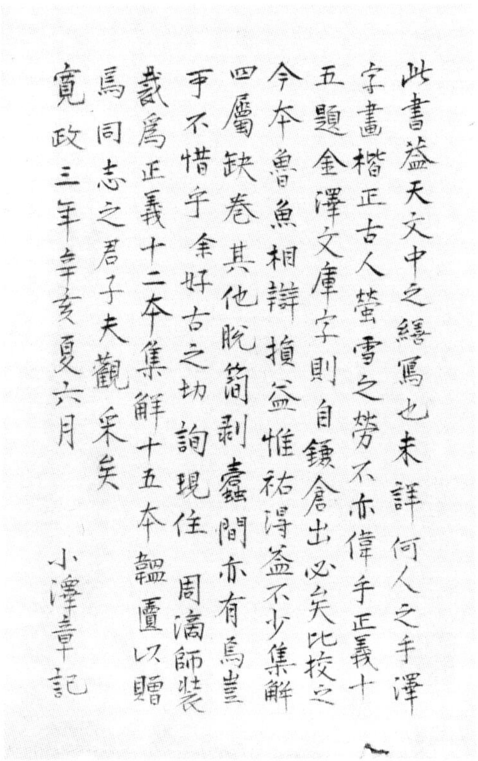

此書蓋天文中之繕寫也未詳何人之手澤
字畫楷正古人螢雪之勞不亦偉乎正義十
五題金澤文庫字則自鎌倉出必矣比校之
今本魯魚相辯損益惟祐得益不少集解
四屬缺卷其他脫簡剝蠹間亦有焉豈
可不惜乎余好古之切詢現住　周濟師裝
裁爲正義十二本集解十五本韞匱以贈
焉同志之君子夫觀采矣
寛政三年辛亥夏六月
小澤章記

圖二　宫内廳本卷末謄録的小澤章跋文（大連藏本與之文字、行款全同，惟第二行第四字"正"字已漫漶不清）

島田君翰言其先德篁邨先生」藏書二萬卷，唐鈔宋槧無所不」有，此其一也。密行細字，古色斑」斕，《左傳正義》單行本，世間不可」多得，君其寶之。」曲園俞樾記。

（後鈐「曲園波」朱文印）

從俞樾題記上看，此本由島田家收藏，俞氏所作屬觀款。島田翰曾遊中國蘇杭一帶，數訪俞樾。俞氏與島田翰之師竹添光鴻交往密切，並爲島田翰所撰《古文舊書考》一書作序，不吝讚美之辭。因此，俞氏特爲其藏書題識，亦屬因緣際會。題識有云「島田君翰言其先德篁邨先生藏書二萬卷，唐鈔宋槧無所不有」，即本於島田《古文舊書考發凡》「先大夫聚書二萬餘卷，上自唐鈔宋槧，下至於近代名人著書，精鑑博索，兼收並蓄，無所不有」之語。[一] 島田翰於1905年撰有《春在堂筆談》一文[二]，其與俞樾交遊於此文可見一斑，兹不俱引。

大連藏本原藏于日本島田家，後被羅振玉購得。1916年，羅氏將之借予劉承幹刊刻衆經單疏。是年十一月十七日羅振玉致書劉承幹，曰：

[一] 島田翰《古文舊書考發凡》，《古文舊書考》，上海古籍出版社，2017年，第6—7頁。

[二] 島田翰《春在堂筆談》，内藤湖南等《中國訪書記》，錢婉約譯，九州出版社，2020年，第171—176頁。

昨讀《禮記正義》大跋，言《五經正義》中《左傳正義》止賸五卷云云，案東邦所傳《左傳正義》僅島田重禮所藏彼國天文間當我嘉靖間。金澤文庫舊鈔殘本，存卷一至卷六，又卷三十四至三十六，僅得九卷。今此本存弟處，乃宣統元年以厚價得之島田翰者。島田言曾録一副贈繆丈，今讀大跋言五卷，豈藝丈所藏未全鈔耶？若僅得五卷，則弟之所藏可以補藝風堂本之闕者，可據補大刻之未備也。若須借鈔，當奉寄也。〔一〕

可知，大連藏本由羅振玉在宣統元年（1909）遊歷日本時從島田翰購得。彼時羅振玉正任學部參事官、京師大學堂農科監督等職，宣統元年五月，羅振玉奉命赴日本考察農學，「此行計時兩月餘，逐日記事爲《扶桑再遊記》一卷。鄉人（羅振玉）在東，除重點視察兼訪其國首長且爲部中聘日本技師外，即訪求秘籍，拾黎庶昌、楊守敬兩家之遺。每涉一地，必遊書肆。在東京由島田翰介至宫内省圖書寮觀書，多見秘本，其私家所藏，亦得縱觀。」〔二〕羅氏《扶桑再遊記》載：「（六月十四日）晚島田翰來，言願介紹至宫内省看書」；「（六月十七日）晨與伏侯（田吳炤）詣宫内省圖書寮看書，島田君介紹也。……薄暮，島田君來談」；「（六月十九日）晨，中島、島田、田中三君來談」〔三〕云云。想必正是此時，大連藏本由島田翰轉手羅振玉。

1911 年末，羅振玉移居日本，並於 1913 年在京都建造「大雲書庫」收納藏書。依據道坂昭廣的觀點，《羅氏藏書目録》「如實並正確地反映了羅振玉來日之後不久（1911 年末到 1912 年期間）藏書的實際情況」。〔四〕若誠如斯言，則 1909 年羅振玉將此書攜歸之後，此時又隨其東渡日本，入藏京都「大雲書庫」。1916 年，此書又由羅振玉借予劉承幹。是年羅振玉致劉承幹函札中言及：

承假《左傳》單疏託舍親轉奉，計三册，祈檢入。此在東邦亦是孤本，請飭寫官鄭重爲荷。（臘月九日）〔五〕

前由舍弟轉致復函並日本古寫本《春秋》單疏三册，想達清鑒。（廿四日）〔六〕

按，「舍親」「舍弟」即羅振玉弟羅振常，字子經，亦精於學問，著有《善本書所見録》等。1912 年，羅振常赴日本京都與

〔一〕梁穎整理《求恕齋友朋書札（中）》，《歷史文獻》第 17 輯，上海古籍出版社，2013 年，第 163 頁。
〔二〕羅繼祖《永豐鄉人行年録》，《羅振玉學術論著集》第十二集《雪堂剩墨》，上海古籍出版社，2013 年，第 379 頁。
〔三〕羅振玉《扶桑再遊記》，《羅振玉學術論著集》第十一集《集蓼編（外八種）》，上海古籍出版社，2013 年，第 141—142 頁。
〔四〕道坂昭廣《關於京都大學附屬圖書館藏〈羅氏藏書目録〉》，《羅氏藏書目録》，下册，第 250 頁。
〔五〕梁穎整理，《求恕齋友朋書札（中）》，《歷史文獻》第 17 輯，第 164 頁。
〔六〕梁穎整理，《求恕齋友朋書札（中）》，《歷史文獻》第 17 輯，第 164 頁。

羅振玉團聚。隨後數年，羅振常於中日兩國間屢有往復。1915 年，羅振常於上海設蟫隱廬書肆，專心搜訪古籍。[一]劉承幹爲《善本書所見録》作序，言及與羅振常交遊：「（羅振常）中年設書肆滬上曰蟫隱廬，其所居與余居寓廬相望。每過從，輒言近日見某書，得某書，條别槧刻源流甚悉。余服其精博，因資以訪求異書。」[二]

據信函可知，1916 年臘月中，羅振玉託其弟羅振常將此書三册借予劉承幹。劉氏《求恕齋日記》丙辰（1916）十二月二十二日亦記羅振玉（字叔韞，一字叔言）借書之事：

> 叔韞近贈予珂羅版印書十種，皆伊新在日本所印者。又爲予向日本竹里圖書館借得《左傳》單疏三册，擬刻《嘉業堂叢書》者也。予本有單疏，祇存十二卷，亦係楊星吾從日本文庫抄來。[三]

嘉業堂刊《春秋正義校勘記卷下》有劉承幹跋云：

> 先得二册於日本，後羅叔言學部復得二册，一并刻之，以貽學者。

按，劉氏所云「日本竹里圖書館」頗不可解，「竹里」或由島田重禮之「重禮」二字音近而訛，實指島田家藏。

1919 年，羅振玉返國，寓居天津。1928 年，羅振玉由天津移居旅順（今大連市旅順口區），不久又在旅順建書樓，仍因襲舊名曰「大雲書庫」。1940 年，羅振玉在旅順家中去世。二戰結束前後，大雲書庫庋藏一度遭劫。1946 年，羅氏藏書開始得到搶救和整理，由羅振玉之孫羅繼祖負責。1948 年，藏書整理接近完畢，羅繼祖與其弟羅承祖秉承祖母（羅振玉遺孀）之命，將羅家藏書捐獻給人民政府，由關東公署文物保管委員會接管。[四]1949 年，東北文物保管委員會委員、東北文物處處長王修來大連視察，提議將羅家捐獻圖書之善本（16010 册）及家刊本約 4 萬餘册撥交東北圖書館（今遼寧省圖書館），餘下的 9 萬餘册圖書和 4 萬餘册家刊本合計 13 萬至 15 萬册左右，及一批金石拓片、清內府檔案等，由旅大市文物保管委員會接收。1951 年旅大市文物保管委員會移交給旅大市圖書館。至此，羅家藏書獲得了新的歸宿，成爲大連圖書館的珍貴館藏。[五]此

〔一〕李雪《羅振常及其文獻學成就研究》，東北師範大學碩士學位論文，2016 年，第 7 頁。

〔二〕《善本書所見録・序二》，韋力編《古書題跋叢刊（三十二）》，學苑出版社，2009 年，第 4 頁。

〔三〕劉承幹《求恕齋日記》，國家圖書館出版社，2016 年，第五册，第 77—78 頁。

〔四〕羅繼祖《大雲書庫藏書、搜集、破壞、整理、歸宿記略》，邴正、邵漢明主編《東北地域文化考論》，吉林文史出版社，2007 年，第 532—535 頁。

〔五〕王守旻《毛澤東主席關注羅振玉藏書》，《博覽群書》2005 年第 12 期，第 86 頁。（係轉引王清原《上虞羅氏藏書述略》。）

《春秋正義》單疏日本舊鈔本九卷，即爲其中一種。

大連圖書館始建於 1907 年，由日本殖民統治者建立。1922 年該館名爲「南滿洲鐵道株式會社大連圖書館」，簡稱「滿鐵大連圖書館」。1945 年日本戰敗，該館被蘇聯軍隊接管。1949 年新中國成立後，該館由大連地方政府接管，更名爲「旅大市圖書館」。〔一〕1981 年更名爲「大連圖書館」至今。

二、《春秋正義》大連藏本與嘉業堂本的關係

嘉業堂本單疏《春秋正義》是綜合復旦藏本與大連藏本之成果，其中卷四至六（隱公六年至桓公六年）的内容，爲復旦藏本與大連藏本重疊的部分。這部分的文字，嘉業堂本擇善而從，故嘉業堂本《春秋正義校勘記》在卷四至六出現很多「又一本」的情况。兹將宫内廳本、大連藏本與嘉業堂本卷四至六的異文校覈列表于下，可見嘉業堂本使用大連藏本之痕跡：

表一　宫内廳本、大連藏本與嘉業堂本異文校覈（卷四至六）

位置		宫内廳本	大連藏本	嘉業堂本（校勘記）
隱公六年	經	若其使以冬至告	若其便以冬至告	若其使以冬至告（阮本便作使）
		齊侯使來告成	齊侯使柔告成	齊侯使來告成（又一本來作柔）
	傳	正義曰渝變也	正義曰喻變也	正義曰渝變也（又一本渝作喻）
		頃父之子	頃彡之子	頃父之子（又一本頃父作頃彡）

續表

位置		宫内廳本	大連藏本	嘉業堂本（校勘記）
隱公六年	傳	出奔共池	出奔共地	出奔共池（又一本共池作共地）
		大子宜臼	大子宜旧	大子宜臼（又一本臼作舊）
隱公七年	經	年滿特行	年滿時行（時字旁有小字「恃」）	年滿時行（阮本時作特）
		束帛加璧	束皁加璧	束帛加璧（又一本帛作白）
		使卿大夫頫聘	便卿大夫頫聘	使卿大夫頫聘（又一本使作便）
		非囚執之辞	非国執之辞	非囚執之辭（又一本囚作国）
		囚諸負瑕	因諸買瑕	囚諸負瑕（又一本作因諸買瑕）
		非敵者自誦之	亦敵者自誦之	非敵者自誦之（又一本非作亦）
	傳	周室既衰	周宜既衰	周室既衰（又一本室作宣）（按：蓋校勘記視「宜」爲「宣」）
		无所祭祀	无所秦祀	无所祭祀（又一本祭作奉）（按：蓋校勘記誤「秦」爲「奉」）
		曷爲謂之許田	易爲謂之許田	曷謂爲之許田（又一本曷作易）
		故不使別姓	故不便別姓	故不使別姓（又一本使作便）
		司城又自爲樂氏	司城之自爲樂氏	司城又自爲樂氏（又一本又作之）
隱公九年	傳	傳發凡以解經若經無霖字	傳發凡以解經名經無霖字	傳發凡以解經若經無霖字（又一本若作名）
		知戎心逐之	知戒心逐之	知戎必逐之（又一本作戒心）
		後謂祝聃與後伏逐其後也	後謂祝聃與後伏逐其復也	後謂祝聃與後伏逐其後也（又一本後也作復也）
		乃裁約爲之辞	爲裁繪爲之辭	乃裁約爲之辭（又一本作爲裁繪）

〔一〕姜月榮《大連圖書館的藏書特點與歷史沿革》，《遼寧師範大學學報（社科版）》1993 年第 1 期，第 82—84 頁。

續表

位置		宮内廳本	大連藏本	嘉業堂本（校勘記）
隱公九年	傳	則似朝覲不以爵者	則似朝覲不爵者	則似朝覲不以爵者（一本無以字）
		知其不待兩告	知其不得兩告	知其不待兩告（又一本待作得）
桓公元年	經	亦足以準諸侯之禮矣	亦足以準諸侯之禮虽	亦足以準諸侯之禮矣（又一本矣作雖）
	傳	今經乃以璧假爲文	今徑爲以璧假爲文	今經乃以璧假爲文（又一本作徑爲）
		乃稱以璧假田言若進璧於魯	爲稱以璧假田言若進璧於魯	乃稱以璧假田言若進璧於魯（一本乃作爲，田作由）
		可使水潦停焉	可使水潦停焉	可便水潦停焉（阮本便作使）
桓公二年	經	禮必鄣蔽其而	禮必鄣蔽其面	禮必鄣蔽其面
	傳	須取聖證	須取重證	須取聖證（一本又作重證）
		故特稱仲尼	故時稱仲尼	故時稱仲尼（一本又作特稱）
		始有惡心	始有惡心	始府惡心（又一本亦作有）（按：「亦」蓋「府」之誤）
		故貶稱諸侯	故貶稱諸族	故貶稱諸侯（一本侯又作族）
		故曰部大鼎也	故曰部文鼎也	故曰部大鼎也（又一本大作文）
		謂内得於心	謂爲得於心	謂内得於心（又一本内作爲）
		是方可以示儉	是可以示儉	是方可以示儉（一本無方字）
		江東人呼粟爲粢	江東人呼粟爲粢	江東人呼粟爲粢（又一本粢作粢）
		沈引董巴輿服志	沈引童巴輿服志	沈引董巴輿服志（又一本董作童）
		若今之絛繩	若今之條繩	若今之絛繩（又一本絛作條）
		紘纓同類	紘縷同類	紘纓同類（又一本纓作縷）
		固應禮之大者	固意禮之大者	固應禮之大者（一本應又作意）
		士練帶	士縹帶	士練帶（一本練又作縹）

續表

位置		宮内廳本	大連藏本	嘉業堂本（校勘記）
桓公二年	傳	其樊及纓/翦樊鵠纓	其樊及縷/翦樊鵠縷	其樊及纓/翦樊鵠纓（一本纓作縷）
		居于鄆	居于鄆	居於鄆（一本又作鄆）
		取能成師衆	取能咸師衆	取能成師衆（又一本成作咸）
桓公三年	經	歷從王出	歷説王出	厤從王出（又一本從作説）
		天王居于狄泉	天王居丁独泉	天王居於狄泉（一本又作獨泉）
		改之不憚於王	改之不憚於正	改之不憚於王（一本王又作正）（按：正文作「正」，校勘記作「王」）
	傳	詩舉正法以刺上	詩舉王法以刺上	詩舉正法以刺上（又一本正作王）
桓公四年	經	唯有三驅故知行三驅之正禮	唯有王驅故知行王驅之止禮	惟有三驅故知行三驅之禮（又一本三均作王）
		經不（漫漶不清）書大野	經本書大野	經不書大野（又一本不作本）
	傳	故注申其意	故注中其意	故注申其意（又一本申作中）
桓公五年	經	楊雄方言云	揚雄方言云	楊雄方言云（一本作揚）
		陸機毛詩疏云	陸機毛詩疏云	陸機毛詩疏云（一本作機，似亦誤）
	傳	更別言秋	更別書秋	更別言秋（又一本言作書）
		黄帝曰含樞紐	黄帝曰含樞組	黄帝曰含樞紐（紐字，一本又作組）
		凡周之秋五月之中而旱	凡周之秋五月之中而早	凡周之秋五月之中而旱（一本旱又作早）
		而欲以雩祭	而欲以雲祭	而欲以雩祭（又一本雩作雲）

續表

位置		宮内廳本	大連藏本	嘉業堂本（校勘記）
桓公六年	經	未必田獵	來必田獵	未必田獵（又一本未作來）
	傳	季梁以之解情	季梁以之解惰	季梁以之解情（一本又作解惰）
		使宗婦侍夫人	使宗婦待夫人	使宗婦侍夫人（又一本侍作待）
		俗語譬云	俗語至（無「譬」字）	俗語譬云（一本云又作至）
		是其未爲之諱	是真未爲之諱	是其未爲之諱（又一本其作真）
		既言以諱事神	既言以諱事例	既言以諱事神（又一本神作例）
		元孫某獨諱者	元孫其獨諱者	元孫某獨諱者（又一本某作其）

通過校勘比對，可知嘉業堂本確實參考了大連藏本，劉氏跋文所言不虚。不過此事仍有疑點：劉氏《日記》明言：「予本有單疏，衹存十二卷，亦係楊星吾從日本文庫抄來。」而今可見之復旦藏本僅有六卷（卷四至九），《嘉業堂鈔校本目録·春秋類》亦載：「《春秋正義》殘本六卷。唐孔穎達著，皮紙抄北宋本，三册，存卷四之九，楊守敬題記，雲輪閣舊藏。」〔一〕劉氏何以言「存十二卷」？莫非劉承幹有復旦藏本、大連藏本之外的另一種本子？然而是時劉承幹日記多由書胥代筆，筆誤甚多，如將島田重禮誤作「竹里」即是一例。則「衹存十二卷」云云，或亦疏漏筆誤。

三、結語

綜上所述，大連藏本鈔自宮内廳本，幾乎是據宮内廳本原式摹録。大連藏本數次往返於中日兩國，其書原藏於日本島田家，在宣統元年被羅振玉購得。羅氏避居日本期間將之借予劉承幹，劉氏刊刻《嘉業堂叢書》之單疏本《春秋正義》時使用了大連藏本。同時，大連藏本披露俞樾題記於天壤之間，這一段題記既屬目前曲園諸書整理本中所未見的佚文，又明確無誤地廓清了大連藏本的來歷，彌足珍貴。

大連藏本作爲嘉業堂本《春秋正義》所據底本之一，對於探討嘉業堂本的成書經過有著不可替代的價值。嘉業堂所刻諸經單疏，在學術史和書籍史上都有重要意義。而單疏本《春秋正義》又長期在中土失傳，故而劉承幹所刻《春秋正義》對于當時中國學界的價值，在諸經單疏之中尤爲突出。借由目驗大連圖書館所藏羅氏舊藏，本文完成了研討嘉業堂本《春秋正義》成書過程的最後一塊拼圖，其間篇卷分合、魯魚亥豕，由此豁然開朗。

致謝：本文訪書線索的提供、資料搜集與寫作，多經人民文學出版社董岑仕老師、復旦大學歷史學系張良老師悉心指導，謹致謝忱。訪書過程亦得到大連圖書館古籍部工作人員的熱情支持，特此申謝。

（原載《國際漢學研究通訊》第27期，北京大學出版社，2023年）

〔一〕周子美《嘉業堂鈔校本目録·天一閣藏書經見録》，華東師範大學出版社，2000年，第4頁。

附録四：
斯坦因黑城所獲單疏本《春秋正義》殘葉考釋與復原

虞萬里

近讀郭鋒先生編著的《斯坦因第三次中亞探險所獲甘肅新疆出土漢文文書——未經馬斯伯樂刊布的部分》，[1]耳目一新。該書繼馬伯樂1953年在倫敦出版的《斯坦因第三次中亞探險所獲漢文文書》之後，再次刊布了斯坦因三探所獲的漢文文書，計四百二十餘件，内容涉及信狀、牒文、詔敕、賬目、契約等，其中不乏古籍刻本殘葉。郭先生根據内容，分别予以定名，並加以考釋，爲深入研究文書内容提供了條件。筆者在閲讀中，發現該書〈三一六〉件刻本殘葉之定名與實際内容不符，因略申鄙意，以就正於作者與學界。

殘葉編號爲Or8212/1243KKⅡ 0244axxv，[2]高15.7釐米，寬11.8釐米。有12行半文字。爲便於考釋，先將該書録文原式（文字亦保留原書簡體）迻録於下：

（前　缺）

1. 冂 寸以匚冂 圭與□皆匚
2. 冂 云于天子曰朝于诸侯曰问记之于聘文互相匚
3. 冂 聘天子与诸侯问也所言朝圭九寸聘圭八寸谓匚
4. 冂 古八寸则侯伯之使当□圭六寸子男之使当匚
5. 冂 重礼也已聘而还圭璋，此轻财重礼之义匚
6. 冂 诸执事以为瑞即及襄仲辞之者礼聘终匚
7. 致與主国但主国谦退礼终还之且襄仲辞匚
8. 冂 荐也　正义曰聘礼执圭所以致君命君命匚
9. 冂 然故以籍为荐也深疊固军　正义曰疊匚
10. 匚 之为疊。深者高也，高其疊以为军之阻　固案匚
11. 冂 也，是其义也。注侧室至庶孙（？）正　义曰匚
12. 冂 守公宫，正室，守太庙。郑玄云，正室，適子也。正室匚

（后　缺）

郭先生定此殘葉名爲「宋刻本孔穎達《禮記正義》（單行本）殘葉」。其按語云：「此件似某經書正義。第五行文字與《禮記》卷六十三《聘義》第四十八（十三經注疏本）中一段文字

[1] 郭鋒《斯坦因第三次中亞探險所獲甘肅新疆出土漢文文書——未經馬斯伯樂刊布的部分》，甘肅人民出版社，1993年。
[2] 郭書著録編號原作「axxD」，「D」當作「v」，今正。

全同，或即唐孔穎達《禮記正義》？又其餘十一行文字不見於《聘義》，似係《禮記》諸篇正義之彙纂。」〔一〕據此，知其定名乃是因第五行文字與《聘義》文同，而其餘十一行文字不見於《聘義》，故尚在疑似之間。但作者在該書附録四「大英圖書館斯坦因三探所獲甘肅新疆出土文書記注目録（初稿）」中已徑定名爲「殘刻本《禮記正義》」。〔二〕

作者所説第五行文字與《聘義》同者，即「重禮也。已聘而還圭璋，此輕財而重禮之義」十七字，確是《禮記·聘義》經文，其孔穎達《正義》云：

> 「以圭璋聘，重禮也」者，玉以比德，故以圭璋而聘，貴重其禮也。言此禮可貴與玉相似。「已聘而還圭璋，此輕財而重禮之義也」，謂既聘之後，賓將歸時，致此圭璋付與聘使，而還其聘君也。〔三〕

對照，綜合《聘義》經文和孔氏疏文觀之，此一定名不無矛盾，即如若從第五行文字，則是《禮記·聘義》經文，但上下文完全不同；如若謂爲孔氏《正義》文字，則差異更大。郭氏之所以定此名，是因爲阮元《禮記注疏校勘記序》云「古人《義疏》皆不附於經注而單行……單行之疏北宋皆有鐫本」，故疑爲正義單行本。然其餘諸行文字完全不同，是否現通行本與宋本有異？經檢日本享延文庫舊藏北宋刊本《禮記正義》，存六十三至七十，其《聘義正義》文字與阮刊本無一字差異，〔四〕則殘葉非《禮記·聘義正義》無疑。作者擬其爲「《禮記》諸篇正義之彙纂」，宋代有衛湜《禮記集説》，絶無對「正義」彙纂之書。

圖一　Or8212/1243KK Ⅱ 0244axxv 殘葉

經筆者考證，殘葉文字實係唐孔穎達等奉敕撰之《春秋正義·文公十二年》文，它分別解釋文公十二年「秦伯使西乞術

〔一〕郭鋒《斯坦因第三次中亞探險所獲甘肅新疆出土漢文文書——未經馬斯伯樂刊布的部分》，第151—152頁。

〔二〕郭鋒《斯坦因第三次中亞探險所獲甘肅新疆出土漢文文書——未經馬斯伯樂刊布的部分》，第216頁。

〔三〕孔穎達《禮記正義》卷六十三，北京大學出版社，2000年，第1944頁。

〔四〕參見《四部叢刊》三編《禮記正義》第二册，商務印書館，1936年。

來聘，且言將伐晉，襄仲辭玉曰：君不忘先君之好，照臨魯國，鎮撫其社稷，重之以大器，寡君敢辭玉」和「所以藉寡君之命，結兩國之好」、「請深壘固軍以待之」、「趙有側室曰穿，晉君之壻也」四段文字。[一] 此四段文字之間雖有間隔之文，然所間文字正義不作疏解，與今存日本圖書寮所藏景鈔宋刊單疏本《春秋正義》之手鈔本對勘，其行款、文字竟完全一致，無所脱漏。爲使正確、全面確定殘葉文字，茲將宋慶元六年紹興府刻宋元遞修本《正義》、阮刊本《正義》、近藤單疏鈔本和殘葉録文、殘葉原件文字比勘如下：

A. 慶元宋刻本：正義曰聘君用圭享用璧聘夫人用
璋享用琮聘禮記曰凡

B. 阮元校刊本：正義曰聘君用圭享用璧聘夫人用
璋享用琮聘禮記曰凡

C. 近藤單疏本：正義曰聘君用圭享用璧聘夫人用
璋享用琮聘礼記曰凡

D. 郭氏録文：

E. 殘葉原件：

A. 四器圭唯其所寳以聘可也故知所言大器是圭璋
也考工記玉人云瑑

B. 四器者唯其所寳以聘可也故知所言大器是圭璋
也考工記玉人云瑑

C. 四器者唯其所寳以聘可也故知所言大器是圭璋
也考工記玉人云瑑

D.

E.

A. 圭璋八寸璧琮八寸以覜聘**聘禮**記云所以朝天子
圭**與繅**皆九寸問諸

B. 圭璋八寸璧琮八寸以覜聘**聘禮**記云所以朝天子
圭**與繅**皆九寸問諸

C. 圭璋八寸璧琮八寸以覜聘　**礼**記云所以朝天子
圭**与繅**皆九寸問諸

D. 寸以　　　　圭與□皆

E. 寸以　　　　子圭**與繅**皆

A. 侯朱緑繅八寸鄭玄云於天子曰**聘**於諸侯曰**問**記
之於聘文互相備

〔一〕筆者此文草成，將初稿寄榮新江先生，蒙其檢示《敦煌寳藏》55 册中此殘葉影印件。黃永武先生已定名爲「單疏本孔穎達《春秋左氏傳正義》（文公十二年左傳『襄仲辭玉』至『趙有側室曰穿』之正義）」。殘葉上端不殘，非如郭書所示。適值沙知先生去英圖工作，因摹録其文字，請代爲覈對原件。又經新江先生聯繫，大英圖書館饋贈原件照片一幀，並允許附文發表。謹在此一併表示謝忱。

B. 侯朱緑繅八寸鄭玄云於天子曰**朝**於諸侯曰**問**記
之於聘文互相備

C. 侯朱緑繅八寸郑玄云於天子曰**朝**於諸侯曰**问**記
之於聘文互相備

D.　云于天子曰**朝**于诸侯曰**问**记之于聘文互相

E.　云於天子曰**朝**於諸侯曰**問**記之於聘文互相備

A. 言互相備者朝諸侯與天子同聘天子與諸侯**同**也
所言朝圭九寸聘圭

B. 言互相備者朝諸侯與天子同聘天子與諸侯**同**也
所言朝圭九寸聘圭

C. 言互相備者朝諸侯与天子同聘天子与諸侯**同**也
所言朝圭九寸聘圭

D.　聘天子与诸侯**问**也所言朝圭九寸聘圭

E.　聘天子與諸侯**同**也所言朝圭九寸聘圭

A. 八寸謂上公禮也使臣出聘降君一等**故**八寸**則**侯
伯之使當瑑圭六寸

B. 八寸謂上公禮也使臣出聘降君一等**故**八寸**則**侯
伯之使當瑑圭六寸

C. 八寸謂上公礼也使臣出聘降君一等**故**八寸**则**侯
伯之使當瑑圭六寸

D. 八寸谓　**古**八寸**则**侯伯之使当□圭六寸

E. 八寸謂　**故**八寸**則**侯伯之使當瑑圭六寸

A. 子男之使當瑑璧四寸也聘義曰以圭璋聘重禮也
已聘而**還**圭璋此輕

B. 子男之使當瑑璧四寸也聘義曰以圭璋聘重禮也
已聘而**還**圭璋此輕

C. 子男之使當瑑璧四寸也聘義曰以圭璋聘重礼也
已聘而**还**圭璋此輕

D.　重礼也已聘而**还**圭璋此轻

E.　重禮也已聘而**還**圭璋此輕

A. 財**而**重禮之義也然則王必還其來使而下云致諸
執事以**爲**瑞**節**及襄

B. 財**而**重禮之義也然則王必還其來使而下云致諸
執事以**爲**瑞**節**及襄

C. 財**而**重礼之義也然則王必还其來使而下云致諸
執事以**为**瑞**節**及襄

D. 財　重礼之义　诸执事以**为**瑞**即**及襄

E. 財**而**重禮之義　諸執事以**爲**瑞**節**及襄

A. 仲辭之者禮聘終雖復得還玉初聘之時其意欲致

與主國但主國謙退

B. 仲辭之者禮聘終雖復得還玉初聘之時其意欲致
與主國但主

C. 仲辭之者礼聘終虽復得还玉初聘之時其意欲致
与主国但主国謙退

D. 仲辞之者礼聘終　致與主国但主国謙退

E. 仲辭之者禮聘終雖　致與主國但主國謙退

A. 禮終還之且襄仲辭之者為

B. 之且襄仲辭之者爲不欲與秦爲好國謙退禮終還

C. 礼終还之且襄仲辞之者为

D. 礼終还之且襄仲辞

E. 禮終還之且襄仲辭

致君命君命致藉玉

A. 不欲與秦為好注藉薦也　正義曰聘禮執圭所以
致君命君命致藉玉

B. 注藉薦也　正義曰聘禮執圭所以
致君命君命致藉玉

C. 不欲与秦为好注藉薦也　正義曰聘礼執圭所以
致君命ママ致藉玉

D. 荐也　正义曰聘礼执圭所以致君命君命

E. 薦也　正義曰聘禮執圭所以致君命君命

A. 而後通若坐之有薦席然故以藉爲薦也　深壘固
軍　正義曰壘壁也

B. 而後通若坐之有薦席然故以藉爲薦也　深壘固
軍　正義曰壘壁也

C. 而後通若坐之有薦席然故以藉为薦也　深壘固
軍　正義曰壘壁也

D. 然故以籍为荐也　深坴固军　正义曰壘

E. 然故以藉为薦也　深壘固軍　正義曰壘

A. 軍營所處築土自衛謂之爲壘深者高也高其壘以
爲軍之阻固案覲禮

B. 軍營所處築土自衛謂之爲壘深者高也高其壘以
爲軍之阻固案覲禮

C. 軍營所处築土自衛謂之为壘深者高也高其壘以
为軍之阻固案覲礼

D. 之为坴深者高也高其坴以为军之阻固案

E. 之爲壘深者高也高其壘以爲軍之阻固案覲

A. 説爲壇深四尺鄭注云深高也是其義也　注側室
至庶孫　正義曰文

B. 説爲壇深四尺鄭注云深高也是其義也　注側室

至庶孫　正義曰文
C. 説爲壇深四尺郑注云深高也是其義也　注**側**室
至庶孫　正義曰文
D. 也是其義也　注**側**室至庶孫(?)正義曰
E. 也是其義也　注**側**室至庶孫　正義曰文

A. 王世子云公若有出疆之政庶子守公宫正室守**大**
廟**鄭玄**云正室適子
B. 王世子云公若有出疆之政庶子守公宫正室守**大**
廟**鄭玄**云正室適子
C. 王毌子云公若有出疆之政庶子守公宫正室守**大**
廟**郑玄**云正室適子
D. 守公宫正室守**太**庿**郑玄**云正室適子
E. 守公宫正室守**大**廟**鄭玄**云正室適子

A. 也正室是適子知側室是支子言在適子之側也**世**
族譜穿趙夙之孫則
B. 也正室是適子知側室是支子言在適子之側也**世**
族譜穿趙夙之孫則
C. 也正室是商子知側室是支子言在適子之側也**卋**
族譜穿趙夙之孫則
D. 也正室
E. 也正室　之側也世族譜穿趙夙之孫則

A. 是趙盾從父昆弟之子也盾爲正室故謂穿爲側室
穿別爲邯鄲氏趙旃
B. 是趙盾從父昆弟之子也盾爲正室故謂穿爲側室
穿別爲邯鄲氏趙旃
C. 是趙盾從父昆弟之子也盾为正室故謂穿为側室
穿別为邯鄲氏趙旃
D.
E. 是趙盾

A. 趙勝邯鄲午是其後也
B. 趙勝邯鄲午是其後也
C. 趙勝邯鄲午是其後也
D.
E.

一行：單疏鈔本少一「聘」字，宋刻不缺，係近藤守重鈔脱，抑或其所據本已脱，不可知。宋刻、阮刊本「禮」，單疏鈔本作「礼」，乃手鈔簡筆，下同。宋刻本「四器圭」，阮刊本、單疏鈔本作「者」，是，宋刻誤。原件「圭」前有「子」字，録文漏。「圭」

後一字，録文作「舉」字去下部，宋刻、阮刊作「與」字，原件正作「與」。單疏鈔本作「与」，亦手鈔簡筆，下同。「與」後一字，録文未能辨識。原件作「纅」，與宋刻、阮刊、單疏鈔本同。

二行：宋刻「于天子曰聘」，阮刊、單疏鈔本和殘葉皆作「於天子曰朝」，鄭玄《聘禮》注亦作「於天子曰朝」，是宋刻誤。「問」單疏鈔本作「问」，爲手鈔簡筆，下同。録文末之「相」字，原件「相」後一字爲「備」字上半部甚清晰。

三行：録文「問」，諸本作「同」，原件亦作「同」。殘葉此處略有折疊，録文因此誤録。末字「謂」，原件此字下部「口」「月」皆殘。

四行：録文「古」，諸本作「故」，原件亦作「故」。殘葉此處略有折疊，形似「改」，録文因此而誤。「則」，單疏鈔本作「则」，爲手鈔簡筆，下同。録文前「當」字後作方框，原件此字右下沾墨汁，仍可辨爲「瑑」字，與宋刻、阮刊、單疏鈔本同。原件後「寸」字模糊不清。

五行：「還」，單疏鈔本作「还」，乃手鈔簡筆，下同。録文「轻财重礼」，諸本作「輕財而重禮」，原件同。録文漏脱「而」字。

六行：「爲」，單疏鈔本作「为」，乃手鈔簡筆，下同。録文「即」，諸本作「節」。瑞節，玉製符節，原件此處亦經折疊，以五行之「還」，七行之「國」二字展直之地位推論，「即」上能容「竹」頭，當是「節」字。單疏鈔本「辭」爲手鈔簡筆，下同。行末録文之「終」字，原件「終」後「雖」字上半部甚清晰。

七行：録文「與」，宋刻、阮刊本作「與」，原件同，録文誤。原件「但主國謙退禮終還之且襄仲辭」，宋刻、單疏鈔本文字次序同，阮刊本不同。阮元《校勘記》云：「宋本『但主』下有『國謙退禮終還』六字，閩本、監本、毛本亦誤爲在『爲不欲與秦爲好』句下。浦鏜云『且』當『耳』字誤，非也。」[一]今殘葉、單疏鈔本與宋刻同，知同爲宋時原式，明以後諸本多誤，原件後「國」字因折疊而不清。單疏鈔本「國」字作「国」，爲手鈔簡筆，下同。

八行：「聘」，原件因折疊而模糊不清，「君命君命」，單疏鈔本後兩字作「々々」，乃重文符號。

九行：録文「籍」，諸本作「藉」，原件同，録文誤。「深壘固軍」前，録文不空格，原件、單疏鈔本均空格。[二]「正義曰」之前，録文、原件、單疏鈔本皆空一格。「正義曰」之後，原件之「壘」字僅存上部「田」。「壘」下之「壁」，單疏鈔本寫作「璧」，誤。

十行：原件行末「覩」字僅存上部，難以辨識。

十一行：側，單疏鈔本作「侧」，乃手鈔簡筆。録文「庶孫」

[一] 阮元《春秋左傳校勘記》卷十九，《清經解》卷九六三，上海書店，1988年，第五冊，第824頁上。

[二] 今存單疏刻本凡遇標注起訖之文，皆前後各空一字之位，唯《尚書正義》注文提行，《禮記正義》前後各空二字之位。

後打問號，原件「庶孫」二字甚清晰，原行末「文」字因折疊而變形。下文「世」字，單疏鈔本作「卋」，其下「世族譜」之「世」同，皆俗寫。

十二行：録文「太」，諸本作「大」，原件同。按，古者「大」即「太」，原件「鄭玄」之「玄」字缺末筆，係避宋聖祖諱。單疏鈔本「鄭」作「郑」，爲手鈔簡筆，下同。原件行末「室」字存上半部。

原件十三行殘泐。其「士族」、「譜」、「穿」、「趙」、「之」、「孫」、「則」等字皆存右半，録文不録。

綜觀殘葉行款文字，基本是宋刊面貌。其最可注意者：一是「但主國謙退，禮終還之」一句，與宋刻、單疏鈔本同，足證明以後刻本之誤。二是避聖祖「玄朗」之「玄」諱，更可證是宋本無疑。茲據此殘葉，參稽宋刊經疏之款式，冀復宋刊《春秋正義》之舊貌。欲復宋刻版式，先須明宋初五經正義之校勘與刊刻。

北宋校勘、刊刻《五經正義》始於端拱元年(988)。《玉海》卷四三記：

> 端拱元年三月，司業孔維等奉敕校勘孔穎達《五經正義》百八十卷，〔一〕詔國子監鏤板行之。《易》則維等四人校勘，李説等六人詳勘，又再校。十月板成以獻。《書》亦如之，二年十月以獻。《春秋》則維等二人校，王炳等三人詳校，邵世隆再校，淳化元年十月板成。《詩》則李覺等五人再校，畢道昇等五人詳勘，孔維等五人校勘，淳化三年壬辰四月以獻。《禮記》則胡迪等五人校勘，紀自成等七人再校，李至等詳定，淳化五年五月以獻。〔二〕

《春秋》即《春秋左傳》之單疏，《崇文總目》亦云「《春秋正義》三十六卷……皇朝孔維等奉詔是正」，〔三〕其版成在淳化元年(990)十月。〔四〕《玉海》卷四三「咸平校定七經疏義」條又云：

> 咸平三年三月癸巳，命國子祭酒邢昺等校定《周禮》《儀禮》《公羊》《穀梁傳》正義，又重定《孝經》《論語》《爾雅》正義。四年九月丁亥，翰林侍講學士邢昺等及直講崔偓佺表上，重校定《周禮》《儀禮》《公》《穀傳》《孝經》《論語》《爾雅》七經疏義凡一百六十五卷。賜宴國子監，昺加一階，餘遷秩。十月九日，命摹印頒行，於是九經疏義具矣。〔五〕

〔一〕《册府元龜》卷六〇六謂一百七十卷，與此記載不一，置不論。
〔二〕王應麟《玉海》卷四三，江蘇古籍出版社、上海書店，1987年，第二册，第813頁上。
〔三〕《文獻通考》卷一八二引《崇文總目》，錢東垣等輯釋《崇文總目》，國學基本叢書，商務印書館1936年，上册，第24頁。
〔四〕《宋史·儒林傳·李覺》云：「太宗以孔穎達《五經正義》刊板詔孔維與覺等校定。」「淳化初，上以經書板本有田敏輒删去者數字，命覺與孔維詳定。二年，詳校《春秋正義》成，改水部員外郎、判國子監。」與《玉海》所載年月有差異，疑元年十月板成之後又曾詳校一次。
〔五〕王應麟《玉海》卷四三，第二册，第814頁上。

王應麟所記，可在《宋史》和《崇文總目》中得到印證，即宋初五十年間，十三經除《孟子》外之十二經單疏均已校定刊梓頒行。至靖康板蕩，國子監經板爲金人輦而之燕。南宋初渡，未遑措意，至紹興九年（1139）九月始見《毛詩正義》雕版，十五年閏十一月，王之望請群經義疏未有板者令臨安府雕造，[一]此即所謂「南渡監本，盡取江南諸州」者，由此可以推知，高宗紹興末年，群經義疏印版已復北宋舊觀。黄佐《南雍志·經籍考》所載《周易》《儀禮》《春秋》諸經義疏卷帙皆與北宋單疏本合，而與世傳十行本不合，此即南宋翻刻北宋單疏舊版。至其版式，王國維概述云：「五代刊九經用大字，宋初刊經疏用小字，皆仍唐時卷子舊式。」[二]現存北宋、南宋之單疏皆小字，行款格式如下：

書名	版本	半葉行數	每行字數	邊框
周易正義	宋紹興本	十五	二十六—二十七不等	白口，左右雙欄
尚書正義	宋孝宗時刊本	十五	二十四	白口，左右雙欄
毛詩正義	南宋覆北宋本	十五	二十四—二十五不等	白口，左右雙欄
禮記正義	北宋殘本	十五	二十六—二十七不等	白口，左右雙欄
儀禮疏	景宋本	十五	二十七	白口，左右雙欄
春秋公羊疏	宋刻元修本	十五	二十三—二十八不等	白口，左右雙欄
爾雅疏	宋刻宋元明遞修本	十五	三十—三十一不等	白口，左右雙欄

所存七經單疏本版式如所示，唯不見有《春秋正義》刻本傳世，幸有日人近藤守重手鈔之《春秋正義》影印本流入我國，可藉以窺宋刻之一斑。近藤鈔本半葉十五行，行以二十五字爲常，偶有二十六、二十七甚至二十八字者。卷次與《新唐志》《玉海》所記「三十六卷」合，[三]行款與《周易》《尚書》《毛詩》等正義大致相同。近藤鈔本所據者是南宋本抑北宋本，黑城殘葉是北宋本抑南宋本，今只能從近藤鈔本去追溯。

近藤鈔本行款及來歷，《圖書寮漢籍善本書目》和《經籍訪古志》都有記載。《圖書寮漢籍善本書目》記此書插架於五五五／一四五，爲宮内廳書陵部圖書寮所藏。《書目》云：

景鈔宋槧單疏本，全册係近藤守重手鈔。卷三、卷三十六並有守重手識，蓋文化間自常陸國久慈郡萬秀山正宗寺所藏景鈔宋槧單疏本再傳抄者。每半葉十五行，行二十五字，行款與本寮所藏宋槧單疏本《尚書正義》同。此本第八、第九兩册久佚，明治四十三年清國田吴炤偶游我邦，獲諸坊間，遂獻本寮，始爲足本。[四]

檢鈔本卷二十四末有田吴炤手記云：

[一] 王應麟《玉海》卷四三，第二册，第 814 頁下。
[二] 王國維《五代兩宋古刊本考》中，《王國維遺書》，上海書店影印本，1983 年，第十一册，第九葉 B。
[三]《舊唐志》作三十七卷，疑一卷爲序。
[四]《圖書寮漢籍善本書目》卷一，宫内省圖書寮御藏版，昭和六年九月，第十四頁 A。

《春秋正義》單疏本爲世間罕見之書，日本宫内省圖書寮藏有傳鈔本，不知何日流出二册，予於己酉年得之書肆，不忍令此秘笈歸於散佚，因以之歸圖書寮，俾成完璧，亦藝林佳話也。宣統二年田吴炤記於七啓盦。得圖書寮假鈔秘本以爲酬。潛山又記。〔一〕

潛山，吴炤之號。田氏於光緒三十四年（1908）赴日本充任游日學生監督及使署參贊，宣統元年（1909）得之於日本書肆。據田氏跋文，似此書爲圖書寮所藏，原闕八、九二册，至二年（1910）題跋後贈圖書寮以成完璧。《書目》著成於二十世紀三十年代，而遠早於《書目》之《經籍訪古志》已記録此鈔本。《訪古志》記云：

首有《上五經正義表》及《春秋正義序》本文。首題「春秋正義卷第一　國子祭酒上護軍曲阜縣開國子臣孔穎達等奉勑撰」。每半葉十五行二十五字，每卷末書字數。原本爲常陸國久慈郡增井村萬秀山正住寺所藏。此係近藤正齋所借鈔。每卷有「正齋藏」印，又水府儒員小澤章跋，稱原本係天文中鈔本。第十五卷有「金澤文庫」記。又稱別有《集解》十五本，豈孔氏所集解舊本歟？惜未見。〔二〕

此爲徐承祖光緒間排印本文字，對照《訪古志》稿本，可校正幾處訛誤。萬秀山「正住寺」，稿本作「正宗寺」；「孔氏所集解舊本歟」，意思不明，而稿本作「孔氏所據集解舊本歟」。〔三〕蓋謂十五卷杜預《集解》似是孔穎達所據以作《正義》之舊本，文義始通。《書目》顯然依據《訪古志》稿本而益以此書流轉散佚復得過程。

《訪古志》稿本下注「影舊抄本　求古樓藏」。求古樓爲狩谷棭齋（1775—1835）藏書樓，狩谷藏書豐富，曾舉辦展覽，遂啓書志學者纂集《訪古志》念想。森立之（1807—1885）、澀江全善（1805—1858）等十九世紀中葉撰寫提要時，此書尚在乃師狩谷求古樓中。疑此書從求古樓散出時，散佚八、九兩册，至宣統間始歸璧圖書寮。

此鈔本爲誰人所鈔，亦有一先後認識過程。《訪古志》稿本原云「近藤正齋嘗令人寫者也」，是其初指爲鈔手所鈔。後劃去「嘗令人寫者」數字，改爲「所借抄」，則指爲近藤所鈔，故排印本作「此係近藤正齋所借鈔」。後《書目》亦云「係近藤守重手鈔」，前後所改，皆因卷三末「計一万七千九百八字」後有近藤手記二行，云：

〔一〕《春秋正義》卷二十四，商務印書館《四部叢刊續編》本。

〔二〕澀江全善、森立之撰《經籍訪古志》卷二，《日本藏漢籍善本書志書目集成》據光緒十一年徐承祖聚珍排印本影印，北京圖書館出版社，2003年，第一册，第86頁。

〔三〕見《經籍訪古志》稿本，《日本藏漢籍善本書志書目集成》第一册，第691頁。

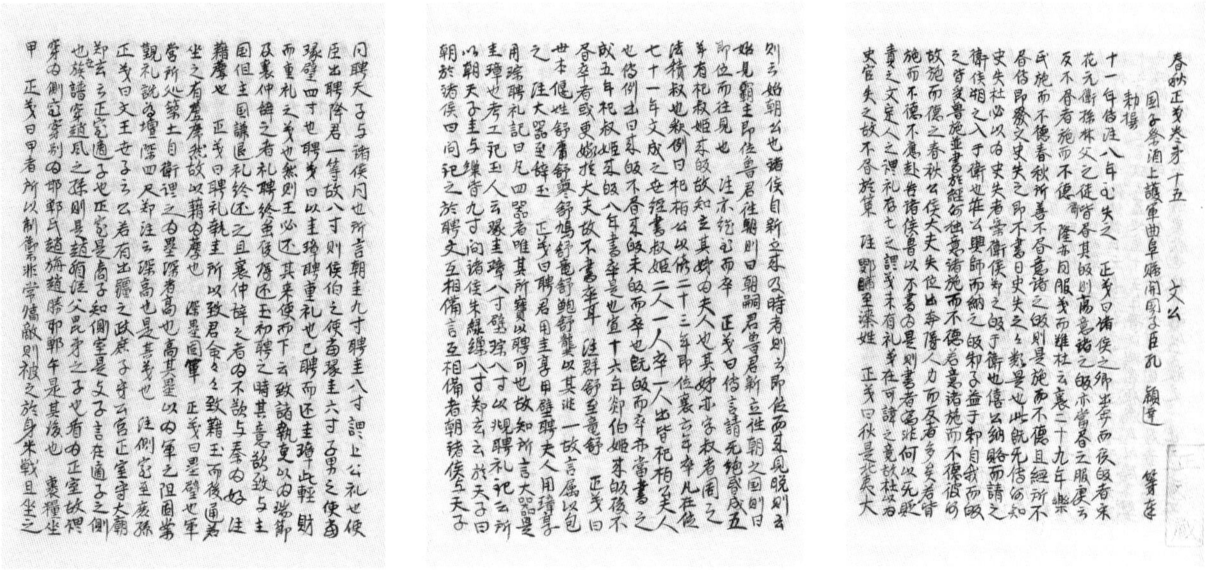

圖二　近藤守重鈔本卷十五首頁和殘卷文字頁面

文化十二年三月以常陸國久慈郡萬秀山正宗寺藏本寫之，以爲家珍。

後有落款「御書物奉行近藤守重」一行。卷二十一末有「近藤守重」陰文和「字曰重藏」陽文方印二方，是爲近藤手鈔無疑。近藤守重(1771—1829)字重藏，號正齋，與守谷爲同時代人。彼自謂文化十二年(1815)據正宗寺藏本寫之，故澁江和森立之改爲近藤「所借抄」，實有根據。正宗寺鈔本，據董康在《書舶庸譚》中還鈔録一則小澤章跋文，云是「天文中之繕寫也」，「字畫楷正」，「《正義》十五題『金澤文庫』字，則自鎌倉出必矣」。[一] 鎌倉時代在宋元之際，如果確如小澤章所描述的「字畫楷正」，則此鈔本很可能是從宋本鈔出，即使中經十六世紀中葉天文間轉鈔，其所據亦必源自鎌倉時代之金澤文庫。緣此，近藤守重鈔寫所據本，亦即金澤文庫本或金澤文庫轉鈔本，來歷應該很古，金澤本已亡佚，天文轉鈔本亦佚，故近藤重鈔本就獨具價值。金澤文庫建立於宋末，當時日宋貿易往來頻繁，日僧入宋亦復不少，故文庫建立時所入藏之經書應該以南宋本居多。

近藤鈔本因係重鈔，行款已經非復舊觀，故與殘葉文字不相匹配，即殘葉文字在近藤鈔本卷十五之第三葉背面和第四

[一] 董康《書舶庸譚》卷三 1927 年一月 29 日記，中華書局，2013 年，第 211 頁。

葉正面（如圖二）：

但即使如此，可以推想作爲宋刻殘葉，也應在卷十五第三四葉前後。下面試對殘葉作一復原。就殘葉已有十二行半文字，補足下端文字，每行字數如下：

一行：二十九字；

二行：三十一字；

三行：三十一字；

四行：三十字；

五行：三十字；

六行：二十八字；

七行：二十九字（含空格一）；

八行：二十九字（含空格一）；

九行：二十八字（含空格二）；

十行：三十字；

十一行：二十九字（含空格二）；

十二行：三十字；

十三行：三十字；

據現有孔疏文字補足，每行在二十八至三十一字之間。近藤鈔本大小題行款，大題、小題在同一行上下方，撰者題銜末「奉敕」兩字提行，則已占三行：

春秋正義卷第×　　　　×公

國子祭酒上護軍曲阜縣開國子臣孔　　穎達

等奉

敕撰

「孔穎達」三字「孔」之後或「穎達」之後空距甚多，而「敕撰」兩字必提行，全書三十六卷大致一樣，〔二〕與今見之宋監本《尚書正義》《禮記正義》《爾雅疏》之款式相同，知宋監本款式如此。占三行當是以「敕」字抬頭之故。《儀禮疏》祇題「賈公彦等撰」，無「敕」字，故連書，祇占二行。

宋監本正義皆半葉十五行，每卷開頭半葉大小題及撰作者占去三行，文字僅十二行。

今檢正義卷十五首句「十一年傳注八年至失之」至殘葉「寸」前之「八」字，共二千一百三十九字（標注起訖前後各空一格，今作占字計）。既然復原後每行字數在二十八至三十一字，故全書不可能如《周易》《尚書》《毛詩》《禮記》等正義每行在二十五至二十七字之間。試以每行二十八字、二十九字、三十字各計其葉面字數，表列如下：

〔二〕唯第二十九卷漏寫第三行提行的「敕撰」二字，故只有二行。且此題銜中「祭」字誤作「癸」字。

字數	一葉正十二行	一葉背十五行	二葉正背	三葉正	三葉背
二十八字	三百三十六字	四百二十字	八百四十字	四百二十字	四百二十字
二十九字	三百四十八字	四百三十五字	八百七十字	四百三十五字	四百三十五字
三十字	三百六十字	四百五十字	九百字	四百五十字	四百五十字

以二十八字計，設若爲第三葉正面，則卷首「十」字至「寸以」前是一千五百九十六字；假設爲第三葉背面，則是二千零十六字；爲第四葉正面，則是二千四百三十六字。

以二十九字計，設若爲第三葉正面，則卷首「十」字至「寸以」是一千六百三十五字；假設爲第三葉背面，則是二千零八十八字；爲第四葉正面，則是二千五百二十三字。

以三十字計，設若爲第三葉正面，則卷首「十」字至「寸以」是一千七百一十字；假設爲第三葉背面，則是二千一百六十字；爲第四葉正面，則是二千六百一十字。

從以上計算可見，殘葉既不可能是第三葉正面，也不可能是第四葉正面，其字數與第三葉背面最近。

立足第三葉背面字數論其行款：卷十五首字「十」至殘葉第一行「寸」前「八」字是二千一百三十九字，考慮到右邊尚須補一行字，則卷首「十」字至第三葉正面末字應在二千一百零九至二千一百一十一字之間，與二十九字、三十字計至第三葉背面之字數二千零八十八字與二千一百六十字爲最近。鑒於殘葉文句復原後，行二十八字者二，行二十九字者四，行三十字者五，行三十一字者二，亦以二十九字、三十字爲最多，故推測宋刻《春秋正義》每行以二十九至三十字常，偶間二十八字與三十一字，殘葉應在宋刻本卷十五之第三葉背面，右缺一行。

原件高十五點七釐米，寬十一點六釐米。存十二行半，每行在零點九釐米左右，十五行則十三點五釐米左右。加上書口，原書寬似在十五釐米至十六釐米之間。以殘存每行長度所存字數推算，原書板框高約在二十一釐米至二十二釐米之間。今存《尚書正義》板框爲二十三釐米×十七釐米，《爾雅疏》板框爲二十一釐米×十五釐米，《儀禮疏》板框爲二十二釐米×十六釐米，諸本大致相近。茲以此尺寸，假設每行二十九—三十字，並假設右缺一行，左缺一行半，將殘葉復原如下：（見圖三）

敦煌曾發現唐人鈔本之《春秋正義》殘葉（P. 3635），每行十九、二十、二十一字不等，蘇瑩輝先生據近藤守重鈔本《春秋正義》每行字數（二十五、二十六字不等），而謂與敦煌殘葉字數相近，[一]今以復原之宋本《春秋正義》推之，敦煌鈔本字數僅爲宋刊本字數的三分之二許，亦即宋初刊刻時，每行字數較唐鈔爲密。

進而論殘葉爲北宋監本，抑南宋紹興翻刻本；殘葉與日

[一] 蘇瑩輝《略論五經正義的原本格式及其標記經、傳、注文起訖情形》，《敦煌學論集續編》，臺灣學生書局，1983年，第73、91頁。

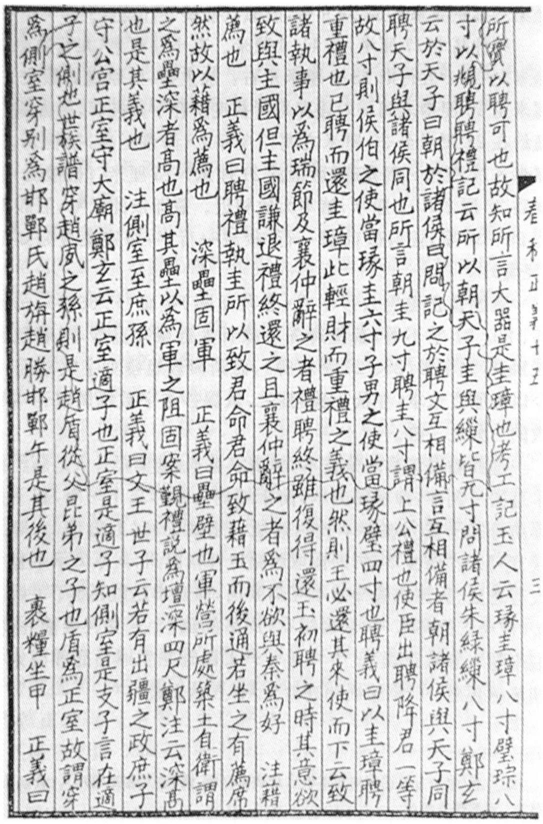
春秋正義卷第十五　三
所寶以聘可也故知所言大器是圭璋也考工記玉人云瑑圭璋八寸璧琮八
寸以覜聘聘禮記云所以朝天子圭與繅皆九寸問諸侯朱綠繅八寸鄭玄
云於天子曰朝於諸侯曰問記之於聘文互相備言互相備者朝諸侯與天子同
聘天子與諸侯同也所言朝圭九寸聘圭八寸謂上公禮也使臣出聘降君一等
故八寸則侯伯之使當瑑圭六寸子男之使當瑑璧四寸也聘義曰以圭璋聘
重禮也已聘而還圭璋此輕財而重禮之義也然則王必還其來使而下云致
諸執事以爲瑞節及襄仲辭之者禮聘終雖復得還玉初聘之時其意欲
致與主國但主國謙退禮終還之且襄仲辭之者爲不欲與秦爲好　注藉
薦也　正義曰聘禮執圭所以致君命君命致藉玉而後通若生之有薦席
然故以藉爲薦也　深壘固軍　正義曰壘壁也軍營所處築土自衛謂
之爲壘深者高也高其壘以爲軍之阻固案覲禮説爲壇深四尺鄭注云深高
也是其義也　注側室至庶孫　正義曰文王世子云若有出疆之政庶子
守公宮正室守大廟鄭玄云正室適子也正室是適子知側室是支子言在適
子之側也世族譜穿趙夙之孫則是趙盾從父昆弟之子也盾爲正室故謂穿
爲側室穿別爲邯鄲氏趙旃趙勝邯鄲午是其後也　裹糧坐甲　正義曰

图三　Or8212/1243KKⅡ0244axxv 殘葉復原圖

人近藤守重所據本爲同一刻本，抑不同刻本。南宋紹興九年（1139）和二十一年，詔下州郡訪尋國子監原頒善本校對鏤版。宋魏了翁《毛義甫六經正誤序》云：「南渡草創，則僅取版籍於江南諸州，與京師承平監本大有徑庭，與潭撫閩蜀諸本互爲異同，而監本之誤爲甚。」[一]明黄佐《南雍志經籍考》所載舊版有《周易注疏》十三卷、《儀禮注疏》五十卷、《春秋正義》三十六卷，王國維以爲此「皆與北宋單疏合」，「即南宋所刊單疏舊版」，[二]是紹興間亦曾重刻《春秋正義》。

近藤鈔本卷五、卷七小題「桓公」之「桓」缺末筆，卷六不缺，其他如「匡」、「敬」、「慎」、「構」等字時有缺筆者，是所據爲南宋刊本無疑。殘葉文字與近藤鈔本相較，唯第一行單疏鈔本少一「聘」字，若非近藤守重鈔脱而是所據本如此，則殘葉與近藤所據非同一刻本。然此尚不足説明，兹從其書之流傳來分析論斷。

黑城爲西夏時重要城市，西夏重視佛教，屢屢向北宋朝廷請佛藏，此見諸史籍者甚夥。佛經之外，亦屢求經史等書籍。《宋會要輯稿·禮六二》載：

（嘉祐）七年（1062）四月，夏國主諒祚進馬五十匹，上表求太宗御製真草、國子監九經、《册府元龜》《唐書》並本朝賀正旦、冬至二節儀。詔止以九經賜，還其馬。

八年四月，英宗即位後，以九經即《正義》《孟子》、醫書賜夏國，從所請也。[三]

此次所賜，亦仁宗嘉祐間大事，不僅《宋史·仁宗紀四》《外國傳·夏國》《續資治通鑒長編》卷一九六等都有記載，司馬光《涑水記聞》亦記此事云：「嘉祐七年，諒祚……乞國子監所印諸書、釋氏經一藏並譯經僧及幞頭……詔給國子監書及釋氏

[一] 魏了翁《鶴山先生大全集》卷五十三，《四部叢刊》，商務印書館 1926 年，第二十葉 A。
[二] 王國維《五代兩宋監本考》下，《王國維遺書》，第十一册，第三葉 B。
[三] 劉琳、刁忠民、舒大剛等點校《宋會要輯稿》，上海古籍出版社，2014 年，第 4 册，第 2135 頁。

經並幞頭。」[一]既云以九經及正義賜，可知必有單疏本，有單疏本，則《春秋正義》似當在其中，此爲該書流入西夏時間節點之一。

《春秋正義》即國子監刊印之書籍，淳化元年（990）或二年刊成，刊成後是否由官使或商人等攜往西夏，史籍浩瀚，一時難以徵實。但至遲在北宋嘉祐間（1056—1063）曾詔准流入西夏，似無可疑，此從今存西夏文中有經史子書籍六十餘種中可參知。[二]南宋時期，宋與西夏關係隔絶，不聞有書籍流通。《金史·交聘表上》：「（海陵王）貞元二年（1154）……九月辛亥朔，夏使謝恩。且請市儒、釋書。」[三]此儒書是指九經，抑五經正義，或統指，不得而知，此爲該書流入西夏時間節點之二。

北宋監本《春秋正義》雖始刊於端拱、淳化間，其後似不無校正補刊者。據《玉海》卷四三所載，咸平、天禧之時，屢有群臣上奏「諸經」、「群經」、「經書」版本多誤請修，及詔准詳校、刓補，重刻之事。所言「諸經」、「群經」、「經書」，可以專指經文，亦可泛指經注義疏。北宋承平日久，真宗注重儒典，儒臣屢校群經，則義疏之校刊，刓補或個別版片修補重刻自在情理之中。金人掠北宋監版而北，是否據之印刷流通，史無明文；若曾印刷流通，則其爲西夏人市去亦未可知。此爲該書流入西夏時間節點之三。

殘葉第十行鄭玄之「玄」缺末筆，是諱宋聖祖名。聖祖名玄朗，本子虚烏有人物。考《東都事略》卷四、《續資治通鑒長編》卷七九、《宋史全文》卷六，皆云宋真宗大中祥符五年（1012）十月戊午，九天司命真君降於延恩殿，閏十月己巳，上天尊聖號曰聖祖上靈高道九天司命保生天尊大帝。壬申，詔：聖祖名上曰玄下曰朗，不得斥犯。今殘葉諱玄缺筆，明非端拱、淳化間原刻初印本。若此殘葉確係嘉祐間或嘉祐以前流入西夏，參之《玉海》所記，則其可能爲大中祥符五年以後至嘉祐以前流入西夏之重校刓補或重刻本。若其爲市於金人重刷之本，則可能爲北宋末以前屢經修補之刊本。

唐人五經正義之北宋初刻、南宋覆刻之本，今存有《周易正義》《尚書正義》及《毛詩正義》《禮記正義》殘本，獨《春秋正義》不傳於世。清以來研究版本者因未睹其原貌，遂有目近藤守重之重鈔款式爲宋刊原貌者；亦有人惑於宋慶元六年（1200）紹興府所刻、沈作賓序刊本前之銜名，而懷疑北宋端拱、淳化間所刊五經正義單疏本中的《春秋正義》爲經、傳、疏

[一] 司馬光《涑水記聞》卷九，中華書局，1989年，第165頁。

[二] 據黃振華《評蘇聯近三十年的西夏學研究》（《社會科學戰綫》1978年第2期）統計，西夏文漢籍經、史、子都有，約有六十種。不見集部書，蓋因當時文集中有論朝政、邊鄙事，禁止流出境外故。又吴其昱先生考定列寧格勒所藏《論語注》殘卷爲宋陳祥道《論語詮解》之譯本（見許章真譯《西域佛教文史論集》，臺灣學生書局，1989年）宋人解經之書尚且已流入彼地，由國家頒行之《春秋正義》流入彼地更在情理之中。

[三] 《金史》卷六十，中華書局，1975年，第五册，第1408頁。

合刊的八行本者。〔一〕黑城《春秋正義》殘葉之發現，是宋代版刻史和經學史上一件重要之事，它不僅可證實端拱、淳化間所刻皆爲單疏本，由近藤所鈔避北宋末南宋初廟諱的鈔本，又可推證南宋紹興間確曾取北宋監版《春秋正義》讎對覆雕，或有所改正。

殘葉編號爲 KKⅡ 0244axxv，據向達先生譯述：斯坦因發掘黑城，KKⅡ 位於河床西岸上，距黑城西門約四百四十碼，遺址爲磚築平臺，此即 1908 年科智洛夫大佐所曾發掘處。據斯坦因所僱探險隊員蒙古人 Shapir 云：科智洛夫發掘此地，他亦預其役，當時各造像間之空隙處堆滿書册繪畫及小佛像之屬，科氏在此所獲甚多。〔二〕顯然斯坦因所獲爲科氏之殘餘。科氏所獲之印本書籍中是否有《春秋正義》殘葉乃至殘卷，無法得知，唯希望在整理、研究科氏所獲卷子時引起注意。向達又譯述科智洛夫報告云，此遺址無入口，曾出一具骷髏，則爲一大陵墓無疑。若然，則殘葉或爲殉葬之物。

綜上所述，斯坦因三探於黑城所得之編號爲 KKⅡ 0244axx 刻本殘葉爲宋刻唐孔穎達《春秋正義》單疏本卷十五第三葉之背面，前缺一行，後缺一行半。行款爲半葉十五行，每行以二十九、三十字爲常，亦偶間二十八、三十一字。由現存北宋單疏監本推論，似亦爲白口，左右雙欄，從文字、行款、出土遺址等看，似係北宋淳化間所刊國子監本的重校刓補或重刻本，或爲今人重刷本。日本圖書寮所藏近藤守重手鈔所據本爲南宋紹興間重刊本。近藤鈔本行數與宋監本同，而字數已與北宋監本遊差異。《春秋正義》單疏本在北宋御賜流入西夏，還是由金代重刷輾轉市賣到西夏？是由興慶府再流傳到黑城，還是直接市賣到黑城？是作爲廢棄物之殘葉在遺址中，還是作爲墓葬遺物？凡此諸疑，均有待史家作進一步研究。

一九九三年十二月初稿
一九九四年五月定稿
二〇二一年九月增删修訂

（初載臺灣《敦煌學》1996 年第 20 期；又收入《榆枋齋學術論集》，江蘇古籍出版社，2001 年；日文版收入高田宗平編《日本漢籍容受史——日本文化の基層》，八木書店，2022 年）

〔一〕張國風《十三經單疏本概述》云：「端拱中重校《五經正義》，以後陸續刊行，惟有《春秋左傳正義》不是單疏，却是一種經、傳、疏合刻的八行本。其餘都是十五行的單疏。」《中華文史論叢》第五十一輯，上海古籍出版社，1993 年，第 196 頁。

〔二〕向達《斯坦因黑水城獲古記略》，斯坦因著、向達譯述《斯坦因西域考古紀》附録二，中華書局，1936 年，第 260 頁。

圖書在版編目(CIP)數據

春秋正義 / (唐) 孔穎達撰 ; 李霖解題. -- 上海 : 上海古籍出版社, 2024. 12. --(群經單疏古鈔本叢刊 / 劉玉才主編). -- ISBN 978-7-5732-1352-5

Ⅰ. K225.04

中國國家版本館 CIP 數據核字第 202494KF04 號

本書日本舊鈔本圖版原書藏日本宮內廳書陵部

責任編輯:郭　沖
美術編輯:阮　娟
技術編輯:耿瑩禕

群經單疏古鈔本叢刊
劉玉才 主編
春秋正義(全五册)
[唐]孔穎達 撰
李霖 解題

上海古籍出版社出版發行
(上海市閔行區號景路 159 弄 1-5 號 A 座 5F　郵政編碼 201101)
(1) 網址: www.guji.com.cn
(2) E-mail: guji1@guji.com.cn
(3) 易文網網址: www.ewen.co

上海雅昌藝術印刷有限公司印刷

開本 889×1194　1/16　印張 115　插頁 16　字數 81,000
2024 年 12 月第 1 版　2024 年 12 月第 1 次印刷
ISBN 978-7-5732-1352-5/K・3713
定價: 2100.00 圓
如有質量問題,請與承印公司聯繫